教育何为？

[德] 弗里德里希·威廉·尼采 著

周国平 译

果麦文化 出品

总序　今天，我们为什么要读尼采

在西方哲学家里，尼采是一个另类。在通常情况下，另类是不被人们接受的，事实上尼采也不被他的同时代人接受，生前只有一点小名气。但是，在他死后，西方文化界和哲学界越来越认识到他的伟大，他成了20世纪最走红的哲学家。我本人对尼采也情有独钟，觉得他这个人，从个性到思想到文字，都别具魅力，对我既有冲击力，又能引起深深的共鸣。

32年前，我第一次开尼采讲座，地点是北京大学办公楼礼堂，那次的经历终生难忘。近千个座位坐得满满的，我刚开始讲，突然停电了，讲台上点燃了一支蜡烛，讲台下一片漆黑，一片肃静，我觉得自己像是在布道。刚讲完，电修好了，突然灯火通明，全场一片欢呼。

那是1986年，也是在那一年，我出版了第一本专著《尼采：在世纪的转折点上》，一年内卖出了10万册，以及第一本译著《悲剧的诞生——尼采美学文选》，一年内卖出了15万册。那时候还没有营销、炒作之类的做法，出版社很谨慎地一点点印，卖完了再加印，这个数字算是很惊人的了。20世纪80年代，中国笼罩着一种氛围，我把它叫作精神浪漫，尼采、弗洛伊德、萨特都是激动人心的名字，谈论他们成了一种时尚。你和女朋友约会，手里没有拿着一本尼采，女朋友会嫌你没文化。

30 多年过去了，时代场景发生了巨大的变化。如果说我这一代学人已经从中青年步入了老年，那么，和人相比，时代好像老得更快。当年以思潮为时尚的精神浪漫，已经被以财富为时尚的物质浪漫取代，最有诗意的东西是金钱，绝对轮不上哲学。对于今天的青年来说，那个年代已经成为一个遥远的传说。

不过，我相信，无论在什么时代，青年都是天然的理想主义者，内心都燃烧着精神浪漫的渴望。我今天建议你们读尼采，是怀着一个 70 岁的青年的心愿，希望你们不做 20 岁、30 岁、40 岁的老人。尼采是属于青年人的，我说的青年，不只是指年龄，更是指品格。青年的特点，一是强健的生命，二是高贵的灵魂，尼采是这样的人，我祝愿你们也成为这样的人。

周国平
写于 2019 年 2 月
再刊于 2024 年 6 月

本书说明：

　　本书原题为《论我们教育机构的未来》，是尼采写于1872年的一部未完成著作，生前亦未出版。原著各讲只有序号，译者于1996年译出，并增添了标题和内容提要，帮助读者把握原著的脉络。"译者导言"是译者对原著基本思想的阐释，供读者参考。

任何一种学校教育,只要在其历程的终点把一个职位或一种谋生方式树为前景,就绝不是真正的教育,而只是一份说明书,一门用以指导人们在生存斗争中救助和保卫自己的课程。

——尼采

目 录

译者导言：教育何为？

一、关于《论我们教育机构的未来》　　2
二、教育中的两种错误倾向　　6
三、两种倾向在新闻界合流　　14
四、天才是教育的目标　　18
五、真正的教育之内涵　　22
六、教育的可悲现状　　32

论我们教育机构的未来

导言　　38
前言　　44
第一讲　现代教育的两种倾向　　47

第二讲	人文教育始于严格的语言训练	68
第三讲	教育的使命是使天才得到养育和支持	89
第四讲	教育机构与生计机构的对立	108
第五讲	衡量大学教育的三个尺度	128

重要语词译表　　　　　　　　　　　　148

译者导言:

教育何为?

一、关于《论我们教育机构的未来》

《论我们教育机构的未来》是尼采的一部未完成著作，生前没有出版。原标题下有一个副题"六篇公开演讲"，实际上只写了五篇，1872年1月至3月，尼采在巴塞尔大学做了这五次公开演讲。在做演讲期间，他在一封信中表示对演讲的效果特别满意，大学生们听得非常认真专注，他并宣布"这将是我的第二本书"，可见原来是有出版的想法的。[1] 当时正值他和瓦格纳夫妇友谊的蜜月期，瓦格纳携夫人柯西玛到巴塞尔听了第二场演讲，他在1872年年底把五篇讲演稿寄给了柯西玛，而瓦格纳曾两次建议他发表此著。但是，不知何因，他不但没有续写计划中的第六篇，而且以自己对此著很不满意为由拒绝了发表的建议。

和尼采的大多数著作不同，这本书是有情境设计的，尼采似乎产生了文学的冲动，在演讲中营造一种讲故事的气氛。

---

[1] 转引自 *Friedrich Nietzsche：Chronik in Bildern und Texten*. Carl Hanser Verlag, München-Wien 2000（《尼采传记图文版》，Carl Hanser 出版社，慕尼黑-维也纳2000年），第263页。

故事里有四个人物，两个年轻的另类大学生为一方，一位年老的哲学家和他的弟子——一位年轻教师为另一方。在一个美丽的黄昏，双方在莱茵河畔一处林中空地相遇，由误会、冲突而至于互相理解和畅谈，谈话的内容则围绕着教育，分别从学生、教师和哲学家的立场对德国教育现状进行了批判。其中，那位哲学家是主角，其性格阴郁、暴躁、正直，据说是按照叔本华的原型描绘的。但是，毋庸置疑的是，从表达的见解来看，每个人物其实都是尼采自己的替身，而不同的替身则使他能够方便地表达他以前当学生、现在当教师的相应感受，以及他作为一个哲学家对于教育的思考。

在写作本书的那个时期，尼采关心的主题是希腊文化。此前一年，他刚出版了谈希腊艺术的《悲剧的诞生》；此后一年，他又写了谈希腊哲学的《希腊悲剧时代的哲学》。本书虽然没有直接谈希腊教育，但是，希腊文化仍是他心目中理想教育的典范和故乡，构成了他教育思考和教育批判的理性出发点。德国现代教育机构奠基于启蒙时代，在尼采看来，它们本来是启蒙思想家所代表的"真正的德国精神"的产儿，而"这个精神通过最高贵的需要与古希腊紧密相连"。然而，现在这些机构却是唯"时髦"和"合乎时势"是求，"歪曲和偏离了创办时的高贵初衷"。因此，希望在于振兴从古希腊到德国启蒙运动的精神传统，"把现代人从'现代'这个咒语下解救出来",如此才"使得这些机构也能相应地从之新生"。[1]

尼采面对的主要听众是大学生,这无疑使他格外强烈地回想起了自己的学生时代。他24岁被聘为巴塞尔大学教授,做这一组演讲时也才27岁,距学生时代不远,印象还很鲜明,满可以现身说法。无论是以前作为学生,还是现在作为年轻教师,他对大学生们在"现代"这个咒语下的境况都有真切的了解,他描述为"处在这个时代的永不停歇的骚动之中",仿佛被切割成了碎片,不再能领略那种"永恒的愉悦"。[2]

当然,面对时代的骚动,青年学生还可以有另一种选择,尼采自己就是这样。在中学时代,他即已自觉地抵制以谋求职业和服从国家利益为目标的教育体制,和少数志同道合的同学组织以自我教育为宗旨的小团体。他告诉他的听众:"当时我们压根儿不去想所谓职业的问题。国家要尽快为自己培养出合用的公务员,通过负担过重的考试保证他们的绝对顺从,为此频繁地剥削中学生的年华,而这一切被我们的自我教育拒于千里之外;任何功利的考虑,任何飞黄腾达的意图,都不能支配我们"。他感到无比自豪的是,正因为摒弃了功利的考虑,在"这个厌弃一切无用之事的时代",他们却能"无所事事","漫无目的地自得其乐","优哉游哉地逍遥度日","做惬意活在当下的无用之人"。[3] 在本书中,他在学生时代的自我

---

1 《论我们教育机构的未来》导言,本书第41页;第四讲,本书第109页。
2 《论我们教育机构的未来》第一讲,本书第49页。
3 《论我们教育机构的未来》第一讲,本书第60页。

教育经验构成了他教育思考和教育批判的感性出发点。

要澄清教育的理念，对教育现状有清醒的认识，前提是超越时代的浮躁。虽然多数学生已经陷在时代的骚动中不思自拔或不能自拔了，然而，尼采相信，一定还存在着少数人，他们像他一样"被一种相同的感受所震荡"，他要用这本书来寻找这些散落在各处的他的同类。他宣布：这本书是为"安静的读者"写的，也就是为那少数人，他们"尚未被卷进我们这个飞速转动的时代的令人眩晕的匆忙之中，尚未被它的轮子碾碎并因此感到一种为偶像献身的满足"。[1]

在后来的著作中，尼采也有不少涉及教育的言论，但这部青年之作是他唯一的一部谈教育的专著，有其不可取代的价值。本书的特点是，既饱含着一个亲历者的新鲜感受，又贯穿着一个哲学家的成熟思考。我们会发现，即使针对今日中国的教育，我们仍能产生同感并得到启发。

---

[1] 《论我们教育机构的未来》前言，本书第 45—46 页。

二、教育中的两种错误倾向

在导言中,尼采开宗明义指出:"在现代,有两股貌似相反、就其作用而言同样有害、就其结果而言终于汇合的潮流,统治着我们原本建立在完全不同的基础上的教育机构:一方面是尽量扩展教育的冲动,另一方面是缩小和减弱教育的冲动。按照前一种冲动,教育应当被置于越来越大的范围中,另一种倾向的人则要求教育放弃它的最高的骄傲使命,而纳入为另一种生活形式即国家生活形式服务的轨道。"[1]

在第一讲中,尼采再次强调:"我认为,我必须区分两种主要倾向——两种支配着我们教育机构现状的潮流,它们表面上相反,但都具腐蚀作用,从它们的结果看终于合流:第一种是尽量扩大和普及教育的冲动,第二种是缩小和削弱教育本身内涵的冲动。基于各种理由,应该把教育送往最广泛的阶层——这是第一种倾向的主张。相反,第二种倾向则要求教育放弃其最崇高最高贵的使命,屈尊为其他某种生活形态服

---

[1] 《论我们教育机构的未来》导言,本书第42—43页。

务,例如为国家服务。"[1]

在全书中,尼采对德国教育机构现状的批判正是围绕着上述两种倾向进行的。其实,这两种倾向是一回事,在外延上扩大教育,就必定在内涵上缩小教育,前者是后者的表现,后者是前者的实质。不过,在具体论述时,尼采有所侧重。关于扩大教育的倾向,主要谈教育的普及化,使教育沦为谋生的手段。关于缩小教育的倾向,主要谈教育的政治化和学术化,使教育沦为国家利益的工具和学术分工的工厂。

总之,现代教育违背了教育的本义,越来越被功利所支配,而这正是时代的浮躁侵入教育领域的恶果,也是大多数受教育者不得不陷入时代的浮躁的根源。

1. 扩大教育的倾向:教育沦为谋生的手段

对于扩大和普及教育的倾向,尼采是这样描述的:"普及教育是最受欢迎的现代国民经济教条之一。尽量多的知识和教育——导致尽量多的生产和消费——导致尽量多的幸福:这差不多成了一个响亮的公式。在这里,利益——更确切地说,收入,尽量多赚钱——成了教育的目的和目标。按照这一倾向,教育似乎被定义成了一种眼力,一个人凭借它可以'出人头地',可以识别一切容易赚到钱的捷径,可以掌握人

---

[1] 《论我们教育机构的未来》第一讲,本书第62—63页。

际交往和国民间交往的一切手段……每一个人必须学会给自己精确估价,必须知道他可以向生活索取多少。按照这种观点,人们主张'智识与财产结盟',它完全被视为一个道德要求。在这里,任何一种教育,倘若会使人孤独,倘若其目标超越金钱和收益,倘若耗时太多,便是可恨的……按照这里通行的道德观念,所要求的当然是相反的东西,即一种**速成**教育,以求能够快速成为一个挣钱的生物,以及一种所谓的深造教育,以求能够成为一个挣**许多**钱的生物。一个人所允许具有的文化仅限于赚钱的需要,而所要求于他的也只有这么多。简言之,人类具有对尘世幸福的必然要求——因此教育是必要的——但也仅仅因为此。"[1]

人为了谋生必须学习相关的技能,这本身无可否认也无可非议,尼采反对的是把它和教育混为一谈,用职业培训取代和排挤了本来意义上的教育。他再三强调:"你们不要混淆两类事情。为了生存,为了进行生存斗争,人必须多多学习;可是,他作为个体为这个目的所学所做的一切仍与教育毫不相干。相反,唯有在一个超越这个窘迫、必需、生存斗争世界的大气层里,教育才开始。"真正的教育是一个纤足的仙女,而这种以谋生为目标的所谓"教育"只是"一个可供使唤的丫鬟","一个有智识的女仆,生计、收益、需求方面的女管家"。"任何一种学校教育,只要在其历程的终点把一个职位或一种谋生方式树为前景,就绝不是真正的教育",而

---

[1] 《论我们教育机构的未来》第一讲,本书第63—64页。

只是一份指导人们进行生存斗争的"说明书",相关的机构则是一些"对付生计的机构",绝不是真正的教育机构。他总结说:"从我这方面讲,我只知道一种真正的对立,教育机构与生计机构的对立"。[1]

尼采并不反对生计机构,但要求严格区分教育机构与生计机构。德国学校长期实行双轨制,这种区分一向是有的。他心目中的教育机构,文科中学(Gymnasium)是典范,着重古典人文教育,学生毕业后可升入大学深造。相反,实科中学(Realschule)则是他所认为的生计机构,着重职业培训,学生没有大学入学资格。使他担忧和痛心的是,文科中学正在向实科中学看齐,二者的区别正在趋于消失。他痛苦地预言,不久以后,大学也会向实科中学的学生开放,"因为事实是,实科中学和文科中学在其现今目标上总体上是如此一致,只在细节上彼此有所不同,因此可以要求国家给予完全平等的权利",而他真正想得出的结论是:"由此可见,我们缺少学校教育机构的一个种类,即真正教育机构的种类!"[2]他的预言在三十年后得到了应验,大学也向实科中学的毕业生开放了。

双轨制的取消也许是教育民主化进程的必然,这不是问题的关键所在。尼采提出的根本问题是:教育有无超出职业培训之上的更高使命?仅以职业培训为目标的教育还是不是

---

[1] 《论我们教育机构的未来》第四讲,本书第109—111、113页。
[2] 《论我们教育机构的未来》第四讲,本书第113页。

真正的教育？在教育日趋功利化的今天，这个问题更加尖锐地摆在了人们面前。

2. 缩小教育的倾向之一：教育沦为学术分工的工厂

尼采把日益细化的学术分工视为缩小教育内涵的倾向的重要表现，对之做了深刻分析。他指出："如今学术的范围已经扩展得如此之大，一个资质虽非超常但良好的人，倘若他想在学术上有所作为，就必须潜心于某一个专业领域，对其余领域只好不闻不问。如果他在他那个领域算得上是鹤立鸡群，在所有别的领域——这意味着在一切主要事情上——他却属于鸡群。所以，某一专业的一个精英学者很像工厂里这样一个工人，他终其一生无非是做一个特定的螺丝钉或手柄，隶属于一种特定的工具或一台机器，在这一点上他当然能练就令人难以置信的精湛技艺。""在今天，一个人为了学术的利益而被榨取，这是到处都没有异议地接受的前提，还有谁问自己，一种如此吸血鬼似的使用其造物的学术究竟能有什么价值？"教育本应使受教育者成为真正有教养的人，而学术分工只是培养出了片面的人，尼采据此断言，其实际上在追求的目标正是"缩小教育乃至毁灭教育"。[1]

在过去若干世纪里，在人们的概念中，学者就是有教养

---

1 《论我们教育机构的未来》第一讲，本书第65、66页。

的人，现在这种名副其实的学者的产生越来越偶然，甚至越来越不可能了。这两个身份发生了背离，"属于两个不同的范畴，二者有时会在同一个人身上相遇，但绝不会彼此重合"。[1]二者都可称博学，但这是完全不同的博学。过去的学者有自己的真兴趣，"能够出于他的爱好阅读他的柏拉图、他的塔西佗"，其博学"仿佛是一种指向最高贵目标的教育的自然而然、不求而得的副产品"。现在的学者却是"一些小家子气的梵文学者、语源学癖、考证狂"，其博学"可以譬作一个不健康的躯体的过度发胖"。前一种博学实即真正的人文素养，曾是文科中学古典人文教育的自然产物，而现在，由于"学术预备教育"被树为文科教育的目标，文科中学就成了培养后面这种"博学肥胖症"的场所。[2]

3. 缩小教育的倾向之二：教育沦为国家利益的工具

缩小教育内涵的倾向的另一个表现是国家对于教育的控制及其强化。尼采指出："普鲁士是最强大的现代国家，正是它如此严格地执掌着教育和学校的最高领导权"。[3]事实确是如此。在欧洲，德国是率先把学校的管理权从教会转到政府

1　《论我们教育机构的未来》第二讲，本书第78页。
2　《论我们教育机构的未来》第三讲，本书第101页。
3　《论我们教育机构的未来》第三讲，本书第103页。

手中的国家,这个过程到19世纪初已基本完成。普鲁士和其他各邦相继设立了专门的教育管理机构,掌控各级学校事务的最终决定权。在基础教育阶段,国家实施强迫性义务教育。对于从事精英教育的文科中学和大学,国家主要通过向毕业生提供在政府和军队就职的前途,借此把这类学校纳入为国家利益服务的轨道。

关于后者,尼采感触尤深。在他看来,文科中学数量激增,其培养目标却日渐功利化,这种情况之所以发生,完全是国家政策引导的结果,为此"国家不必做更多的事,只需把政府的所有高级职位和绝大部分低级职位,大学的授课资格,尤其是影响最大的军职优待,都带入与文科中学的必然联系之中"就可以了。于是,"文科中学主要被看作某种晋升之阶",那些天赋优良的青年不由自主地被引到了从政的方向上。[1]

大学的情况并不更好。对于人们津津乐道的德国大学里的自由,他如此描绘:"老师是在对听课的学生说话……一张说着话的嘴和许多只耳朵,加上一半数量的写着字的手——这就是大学机构的外观,这就是事实上安装的大学教育机器。此外,这张嘴的主人与那许多只耳朵的拥有者们是彼此分离、互不依赖的,这种双重的独立性被人们兴奋地评价为'大学的自由'。而且,为了进一步抬高这种自由,一方大致可以说自己想说的,另一方大致可以听自己想听的。"然而,事情的真相是:"只不过在保持礼貌距离的双方之背后,国家板着一

---

[1] 《论我们教育机构的未来》第三讲,本书第103页。

张监护人的面孔站在那里,为了时时提醒人们,它才是这套特别的说听程序的目标、目的和内涵。"[1] 只要国家掌握着对大学的监护权,所谓"大学的自由"就只是一个假象。

国家对教育的控制必然导致教育的变质。尼采痛心地指出:"这无论如何是没有先例的新现象:国家自命为文化的引路人",而"只要国家相信自己可以支配文化,只要它通过文化来实现国家的目的","一种罕见的蜕变"就必然会在文化的核心之中发生。[2]

尼采认为,在国家强化对教育控制的进程中,黑格尔哲学起了特别恶劣的作用。黑格尔宣称国家是"绝对完美的伦理有机体",而教育的使命就是要为每个人找到一个可以最有效地为国家服务的位置,这样,"通过将一切教育努力从属于国家目的",黑格尔哲学"对国家的神化在这一从属关系中达到了顶峰"。[3] 正因为此,国家很乐意把黑格尔哲学抬举到正统地位,利用它来实现自己的目的。

---

1 《论我们教育机构的未来》第五讲,本书第134—135页。
2 《论我们教育机构的未来》第三讲,本书第103页;第四讲,本书第109页。
3 《论我们教育机构的未来》第三讲,本书第104页。

三、两种倾向在新闻界合流

在揭露教育中两种错误倾向的同时，尼采还敏锐地揭露了两种倾向的合流——教育的新闻化，使教育沦为媒体的附庸。在尼采的时代，媒体不过是数量有限的新闻报刊而已，怎能和今天这个电视和网络时代相比。对媒体处于空前强势地位的今天来说，尼采的超前性认识尤其值得我们注意。

新闻业有两大特点。第一是当下性，着眼于信息的快和新，因此尼采把记者称作"为当下服务的仆役"。第二是业余性，话题无所不包，但皆浅尝辄止，因此尼采把新闻界称作一个寄居在各学科之间的"起黏合作用的中介阶层"。随着新闻业的发展及其对文化影响的扩大，文化也许不可避免地会发生浅薄化的趋势。可是，倘若教育能坚守阵地，文化就仍有其牢固的传统和核心。

然而，问题正出在这里。现代教育培养出来的是在学术的某个小角落里讨生活的片面的学者，如尼采所言，"在天性认真的人关心的一切普遍性问题上，尤其在最高的哲学问题上，上述这种学者已经完全不再有发言权"，于是新闻界乘虚而入，相信自己赋有在普遍性问题上发言的使命。从词源上看，新闻界（Journalistik）一词来自法语，词根Jour的含义是值班日，所以尼采接着讽刺说，它是"以符合其本性的方式执行这个使命的，也就是说，如名称所显示的，作为一个按日付薪的临时工"。

一方面是人文教育传统的断裂，另一方面是大众传播媒介的兴起，此消彼长，造成的结果就是"日报直接取代了教育"，"记者取代了伟大的天才、一切时代的导师、把人们从当下解救出来的救星"。受众的广大和内容的浅薄，媒体的这两个特点正应合了现代教育在受众上的扩大和在内涵上的缩小，所以，尼采说"两种倾向在新闻界合流，教育的扩展和缩小在这里握手言欢"，"现代教育特有的意图在日报身上得到了最充分的体现"。[1]

尼采对新闻界支配文化和教育的趋势深恶痛绝，因为在他看来，新闻界实质上是那些利欲熏心的"现代势力"的代言人，这些势力天天在通过"喋喋不休的报刊喉舌"宣称自己就是文化，就是教育。"正是这些最无耻的野蛮征兆，使这个新闻界和报界中所谓有'文化趣味'的粗俗社会，在被颂扬为一种全新的最高、最成熟教育形式的基础！"[2]

事实上，教育界也确实在向新闻界看齐。尼采指出："文科中学的教学目标不是教育，而是学术，最近还发生了一个转折，其教学目标好像不再是学术，而是新闻了。""结果，

---

1 《论我们教育机构的未来》第一讲，本书第66—67页。
2 《论我们教育机构的未来》第三讲，本书第102页。

随处可见博学与趣味的野蛮、学术与新闻宣告结盟。"[1]

论及新闻对于教育的败坏,尼采把文科中学的语文教学当作一个可靠的例子。德语课本应引导学生极其认真地阅读德语经典作家,进行极其严格的德语写作训练,借此养成对于母语的良好趣味。然而,实际的情形是,在阅读上,用粗枝大叶、不求甚解的态度对待德语经典作家;在写作上,则放任所谓的"自由个性"。这种没有经典楷模的所谓自由写作,结果必然是被媒体和时尚同化。"现在,每一个人说和写他的德语天生就如此恶劣粗俗,就像在一个报刊德语时代所能够有的样子","少年人尚未成型的心灵上被印上了我们新闻审美趣味的野蛮标记","我们文学艺术界的全部弊端都将不断重新烙刻在成长中的一代人身上,包括匆忙和虚荣的制作,可耻的赌徒行径,完全没有风格,没有酝酿,表达时毫无特点或可悲地装腔作势,丧失任何美学规范,疯狂的无序和混乱,总之,我们新闻界连同我们学术界的文学特征。"[2]

语言是一个人的趣味和教养的直接体现。在尼采看来,媒体的恶俗影响首先正是通过语言侵蚀到教育界来的。他要求语文教师负起责任,禁止学生使用诸如"占有""赚取""盘算""掌握主动""无需考虑"之类令人恶心的词语,显然因为这些词语反映了时代的急功近利特征。他向学生们提出警告:"假如你们不能自然而然地做到对我们报刊的惯用词语感

---

[1] 《论我们教育机构的未来》第二讲,本书第73、81页。
[2] 《论我们教育机构的未来》第二讲,本书第71、74、76页。

到生理上的恶心,就应该好好接受教育,因为就在这里,近在眼前,就在你们说话和书写的每个瞬间,你们就有一块试金石,证明现在受教育的人的任务有多么繁重,你们中许多人得到正确教育的可能性是多么小。"[1] 后面将要谈到,正因为此,尼采极其重视语言训练,甚至视其为真正的人文教育的起点。

---

[1] 《论我们教育机构的未来》第二讲,本书第72页。

四、天才是教育的目标

尼采认为，上述两种倾向之所以会产生并且之所以是错误的，原因在于"我们现代教育方法的许多前提具有不自然的性质"。不自然在哪里？他如是说："扩展和缩小这两种倾向恰恰是违背自然的永恒意图的，教育集中于少数人乃是自然的必然规则，是普遍的真理，而那两种冲动却是想要建立一种虚构的文化。"因此，必须与这两种倾向针锋相对，一方面在受众范围上"使教育窄化和浓缩"，另一方面在内涵上"使教育强化和自足"。[1] 质言之，就是在对象和课程两方面都要坚持精英教育，用他的话来说，"真正的教育也就是一种以心灵的精选为支撑的高贵的教育"[2]。我们先来看前一方面。

尼采所说的少数人是否指天才？看来不是。他明确地说："天才的真正来源并不在教育之中，他仿佛只具有一种形而上的来源，一个形而上的故乡。可是，他来到了现象之中，他从一个民族中间浮出了水面，他仿佛把这个民族全部固有力

---

[1] 《论我们教育机构的未来》导言，本书第 43 页。
[2] 《论我们教育机构的未来》第四讲，本书第 109 页。

量如同色彩变幻的倒影布满在水面上，他用个体作譬的方式，在一个永恒作品中，使一个民族的最高使命得以被认知，并以此也把他的民族与永恒相联结，使之摆脱了瞬间的无常领域"。也就是说，天才具有形而上的来源和使命，是大自然本身产生出来用以解说其永恒意图的。那么，天才显然不可能是教育出来的。

那么，教育与天才的关系是怎样的呢？在同一段落中，尼采说：一个民族"最高贵的教育力量""赋有其母性的使命，即生育天才，然后给天才以正确的教育和爱护"，使天才"在一个民族的教育之母怀中得以成熟和养育"。既然天才的来源不是教育，我们就只能这样理解尼采的意思：天才的种子来自大自然本身，而好的教育则是受孕的子宫和养育的母怀，是适合天才播种和生长的土壤。他尤其强调教育对于天才养育和保护的责任，说倘若没有尽到这个责任，天才就仿佛降生到了一个错误的地方，"将不能展翅作他永恒的飞翔，而会被悲惨地困在时间之中，像一个流落在冬日荒原的异乡人，从贫瘠的土地上蹒跚离去"。[1]

如此我们就可理解尼采所说"少数人的教育"的含义了："我们的目标不可能是多数人的教育，而只能是少数特选的、为伟大持久的作品而准备的人的教育。""少数人"不是天才，而是为伟大持久的作品因此亦即为天才而准备的人，天才也许在这少数人中产生，但也很可能不是，这些真正教育成了

---

[1] 《论我们教育机构的未来》第三讲，本书第96页。

的少数人的价值在于为天才提供了好的环境，使之获得认知、支持、尊敬，不至于被埋没、虐待、毁灭。所以，尼采接着说："公正的后代在评价一国之民的整个教育状况时，将完完全全根据一个时代的那些特立独行的伟大英雄，根据他们被认知、支持、尊敬或者被埋没、虐待、毁灭的方式，唯有他们的声音将流传下去。"[1]

教育的目标是培养优秀的少数人，而这少数人的责任是为天才工作，因此，归根到底可以说，天才是教育的目标。不过，其含义并非直接培养天才，而是为天才培育合适的土壤。能够成为这少数人已是一种光荣，"为了使天才能够产生，就必须为之工作"，这是少数优秀者不可逃避的"艰难的义务"，而教育便是尽这个义务的主要领域。[2] 因此，尼采主张，少数天赋优异的人，包括数量较多的天赋良好的人，应该消除自负，甘于从事辅助工作，自觉地"为天才的诞生和其作品的创造做准备"，如此才是"尽了其生命的责任"。[3]

尼采并不反对有较多的人接受教育，相反把这视为少数人的教育得以成功的必要条件。他说："倘若人们知道，最后真正教育成了的和一般来说能够教育成的人的数目是如此难以置信的稀少，就没有人会愿意受教育。然而，如果不是有众多的人违背其本性，只因受了诱人幻觉的支配而参与受教

---

1 《论我们教育机构的未来》第三讲，本书第94页。
2 《论我们教育机构的未来》第一讲，本书第61页。
3 《论我们教育机构的未来》第四讲，本书第125页。

育，就不可能有这真正教育成了的少数人的存在。人们千万不可公开泄露真正教育成了的人数与庞大的教育机构之间的这种可笑的不相称；这里隐藏着教育的真正秘密，即无数的人表面上似乎是在为了自己受教育，实际上是在为了使少数人受教育成为可能而替教育事业工作。"[1]尼采这里说的不是普及教育，而仍是精英教育，他的意思是，即使坚持精英教育，在人数相对众多的受教育者之中，最后能够真正教育成了的人所占比例也极小，而这是合乎教育的规律的。

然而，现实的状况是，一方面，因为缺乏精英教育，几乎没有真正教育成了的人；另一方面，天赋良好甚至优异的人都受到时代的诱惑，宁可自己在时髦文化中出风头，也不肯为天才工作。因是之故，降生在德国土地上的每一个天才几乎都处于极为孤独的境况中，备受折磨和摧残，许多人过早地被窒息、损耗、熄灭了。借那位老哲学家之口，尼采对德国民族和德国教育机构发出了愤怒的控诉。[2]

---

1 《论我们教育机构的未来》第一讲，本书第61页。
2 参看《论我们教育机构的未来》第四讲，本书第125页。

五、真正的教育之内涵

那么,对于精选的少数人,应该施以怎样的教育呢?我们可以从尼采对大学生的要求中看出。他说:对大学生的教育要用三个尺度来衡量,"第一是他对哲学的需要,第二是他在艺术方面的本能,第三是希腊罗马古典文化,那是一切文化的具体化的绝对命令。"而在这三个方面,"今天的大学生在哲学上是不适合和无准备的,在艺术上是缺乏本能的,面对希腊人是自命自由的野蛮人",总之都不合格。[1]

下面我们来看一看尼采对三个尺度的具体论述,以及他是如何用它们衡量教育现状的,由此我们可以理解他心目中"真正的教育"的内涵究竟是什么。当然,前提是我们必须破除科系划分的成见,因为在尼采看来,至少对于人文学科的学生来说,具备哲学的悟性、正确的艺术感觉、古典人文的修养是共同的要求,也是根本的要求,而他这么看是完全有道理的。

1　《论我们教育机构的未来》第五讲,本书第136、139页。

1. 哲学的悟性

哲学始于对世界和人生的惊疑，以及寻求万物统一性的愿望。一个人唯有在早年萌生了此种惊疑和此种愿望，才会真正需要哲学。教育在这方面的使命，就是对学生所表现出来的这种哲学的悟性加以保护和引导，但现实的情况却是将之扼杀。

尼采凭借自己的内心经验而深切感受到对哲学的需要，他如此描述这种需要："人是如此地被最严肃、最困难的问题包围着，因此，如果他被以适当的方式引向这些问题，就会较早陷入那种持久的哲学性的惊异，唯有在这种惊异的基础上，就像在一片肥沃的土壤上，一种深刻而高贵的教育才能生长起来。往往是他自身的经验把他引向这些问题，特别是在激荡的青年时代，几乎每一种个人经历都反映在双重的光辉之中，既是一种日常生活的例证，又是一个令人惊异的和值得阐明的永恒问题的例证。在这样的年龄，人会看到他的经历仿佛被形而上学的彩虹围绕着，这时最需要一只引导他的手，因为他突然地、几乎本能地相信了人生的歧义性，失去了迄今为止怀有的传统见解之坚实土地。"[1]

对于一个敏感的青年来说，日常生活无处不引起哲学性的惊疑，对哲学的需要乃是"自然产生的最高需要"。然而，现代教育却致力于让青年们崇拜"自明之理"，使这种需要瘫

---

[1] 《论我们教育机构的未来》第五讲，本书第136—137页。

瘫和萎缩。其中，黑格尔体系起了最坏的作用，相当成功地"用所谓'历史修养'来麻痹这种自然产生的哲学冲动"。结果，"我们青年一代的哲学冲动已经退化成了这种修养，年轻的学究凭这种修养得到支持，而大学里那些特立独行的哲学家如今却仿佛是在干着秘密勾当"[1]。可以肯定，尼采在写最后这句话的时候，一定悲愤地想到了自己在大学里的处境。

同样的情况也发生在哲学课上。"对于那些永恒问题的深刻阐明逐渐被历史的，甚至古典语文学的考证和问题取代了，诸如这个那个哲学家思考过或没有思考过什么，这篇那篇文字是否他写的，甚至这篇还是那篇异文应该得到优先考虑。现在，在我们大学的哲学课上，我们的学生被鼓励对哲学作这种中性的研究，正因为如此，我早就习惯于把这样一门学科看作古典语文学的分支，而不管其代表是不是一个优秀的古典语文学家，我在这方面对他们的评价都不高。"尼采的结论是："由此可见，哲学本身无疑已经被革出了大学之门，我们对于大学之教育价值的第一个问题借此已得到回答。"[2]

如果说对历史细节的兴趣取代了对永恒问题的哲学思考，那么，对万物统一性的领悟能力则是被对自然的技术态度扼杀的。在尼采看来，万物的统一性不是一个抽象观念，不能凭逻辑推理达到，而是一种切身的感应，只能在与自然的亲密关系中获得。他用自己的语言表达了荷尔德林所吟咏，而

---

[1] 《论我们教育机构的未来》第五讲，本书第137页。
[2] 《论我们教育机构的未来》第五讲，本书第137—138页。

后海德格尔加以阐释的"诗意地栖居"之境界:"如果你们想引导一个青年走上正确教育的小道,就当心别去妨碍他与自然结成朴素、信任、私密般的关系:森林、岩石、波浪、猛禽、孤单的花朵、蝴蝶、草地、山坡都必定在用自己的语言对他说话,在它们之中,他必定宛如在无数互相投射的映像和镜像之中,在变幻着的现象之彩色漩涡之中,重新认识了自己;如此他将凭借自然的伟大譬喻不知不觉地感应到万物的形而上的统一,立刻恬然休憩于她的永恒的持久性和必然性。"

"可是,"尼采接着说,"对于许多青年来说,怎么能够在与自然如此亲近的、近乎私密的关系中成长起来!其他人则不得不早早地学习另一种真理:怎样征服自然。那种朴素的形而上学在这里终结了,而植物生理学、动物生理学、生物学、无机化学迫使其学徒用完全不同的方式看待自然。由于这种新的强迫性的观察方式,丢失的不是诗意的幻想,而是依靠本能唯一真实地领悟自然的能力,取而代之的是依靠精明的计算智胜自然的能力。"尼采痛心地指出,在这种技术方式下,一个人"丢失的是无价之宝,即能够毫不间断地忠于他童年时代的沉思本能,借此达到一种宁静、统一,一种关联和协调,这些东西是一个被培养去进行生存斗争的人未尝梦见过的"[1]。

总之,大学教育的现状之一是,历史考证和技术态度扼

---

1 《论我们教育机构的未来》第四讲,本书第112页。

杀了形而上学的沉思，不复有真正的哲学教育。

2. 正确的艺术感觉

谈及大学与艺术的关系，尼采干脆说：对这个问题"完全可以问心无愧地不予理会，因为大学与艺术根本没有关系"，在那里"找不到一丁点儿艺术的思考、学习、追求、比较的迹象"，"没有让学生受到严格的艺术训练"。[1] 不过，这个弊端在文科中学阶段即已肇始，而要知道尼采心目中的"严格的艺术训练"是什么，我们不妨看一看他对文科中学语文教学的评述，他所谈论的正是自己最擅长的一门艺术——语言艺术——的严格训练。

尼采极其重视语言训练尤其母语训练——也就是中学里的语文课——在人文教育中的地位，认为母语是"真正的教育由之开始的最重要、最直接的对象"，良好的母语训练是"一切后续教育工作"的"自然的、丰产的土壤"。[2] 教师应当使学生从少年时代起就严肃地对待母语，"对语言感到敬畏"，最好还"对语言产生高贵的热情"。[3]

如何进行语言训练？不外乎阅读和写作。教师首先要指

1　《论我们教育机构的未来》第五讲，本书第138页。
2　《论我们教育机构的未来》第二讲，本书第79页。
3　《论我们教育机构的未来》第二讲，本书第72页。

导学生认真阅读母语经典作家，一定要极其认真，"必须一行一行指给学生看，如果一个人心中有正确的艺术感觉，完全理解面前所写下的一切，就会如何谨慎严格地对待每一个词的用法"。"正确的艺术感觉"——这正是语言训练第一要培养的东西。同时，为此还需进行严格的写作训练，不断鞭策学生"对同一思想寻求更好的表达"。[1] 阅读和写作是相辅相成、互为条件的，阅读经典为写作树立了榜样和标准，而写作实践则为鉴赏力提供了经验的基础。"唯有在一种严格的、艺术上讲究的语言训练和语言习惯的基础上，对我们经典作家的伟大之处的正确感觉才能得到强化。""一个人必须从自己的经验中懂得语言的艰难，必须在长期摸索和搏斗之后终于踏上了我们的伟大诗人曾经走过的那条路，才能体会到他们在这条路上走得多么轻盈优美，而其余人在他们后面跟随得多么笨拙别扭。"[2]

尼采再三强调语言训练必须严格。教师"应该提供真正的实践指导，使他的学生习惯于进行语言上的严格自我训练"，"在这个领域中培育最认真、最一丝不苟的习惯和眼光"。[3] 他用学步作譬喻，来说明严格的语言训练之必要性及其从必然到自由的艰难过程："教育正是从语言的正确步法开始的"，"在这里，对于每个认真从事的人来说，情况就像必须学步的小孩

---

[1] 《论我们教育机构的未来》第二讲，本书第72页。
[2] 《论我们教育机构的未来》第二讲，本书第79页。
[3] 《论我们教育机构的未来》第二讲，本书第73、77页。

或士兵一样……这是异常艰难的一段时间，人紧张得生怕弦会绷断，对于那些刻意学来的步法和站法，每次都无望轻松自如地完成；他惊恐地看到自己一脚脚迈得多么笨拙生疏，害怕自己学错了每一步，永远学不会正确地走路了。然而，有一天他突然发现，人为地练会的那些动作已经变成新的习惯和第二天性，从前步伐的稳健和有力得到了加强，并且作为训练的结果，增添了若干优美，现在又回来了。"[1]

经过这种严格的语言自我训练，作为其目的和结果，一个人就会获得正确的艺术感觉、明确的良好趣味、真正的审美判断力。尼采认为，拥有此种能力的可靠标志是，在面对报刊上的"时髦"风格和文学匠们的"漂亮文体"时，会感到一种"生理上的恶心"，并且只需凭借这种恶心就不再读那些平庸之作。[2]

可是，在文科中学里，这个训练过程是缺失的，"人们从不学习走路"，结果只是产生出了一些"步法粗糙的经验主义者"或者"迈着时髦步子的业余爱好者"。[3] 一方面，语文教学中盛行的是"用博学的、历史的方式处理母语的趋势，人们对待它犹如它是一种已经死去的语言"，"以至于语言的活的身体也成了对它的解剖学研究的牺牲品"。[4] 另一方面，在写作练习上，却又全面放任所谓的"自由个性"，"为令人恶心

1　《论我们教育机构的未来》第二讲，本书第 80 页。
2　《论我们教育机构的未来》第二讲，本书第 79—80 页。
3　《论我们教育机构的未来》第二讲，本书第 80 页。
4　《论我们教育机构的未来》第二讲，本书第 73 页。

的不负责任的滥写做了准备"。这种做法的荒谬和危险在于,"在这种为时过早的激励下,真正独立的东西原本只能表现得笨拙、尖锐,呈现可笑的面貌",因而会"被教师出于非原创的平均合宜的考虑予以拒绝"。结果便是"那个年龄唯一可能的原创性"遭到了拒绝,"千篇一律的中等货色"则受到了赞扬。[1] 总之,无论是僵化刻板的阅读,还是放任自流的写作,都不是把语言当作一门艺术,所缺失的都是在语言上的严格的艺术训练。

3. 古典人文的修养

古希腊罗马是欧洲人文精神的源头,在尼采看来,在这个源头上,人文精神的实质就在于,哲学和艺术本身就是人生的最高需要,就是生活方式。所以,谈及大学里的古典人文教育,他也仅是简洁地责问道:"我们大学的'独立之士'没有哲学、没有艺术地生活着,那么,他们怎么可能有与希腊人和罗马人为伍的需要呢?"[2] 关于尼采对古典人文教育的具体看法,我们仍要从他对文科中学的有关论述中发现,其中心思想是,对于德国青年来说,德语经典作家是通往古典教育必不可少的向导。

1　《论我们教育机构的未来》第二讲,本书第77、76页。
2　《论我们教育机构的未来》第五讲,本书第138页。

尼采把古希腊称作"真正唯一的教育故乡",然而,为了飞往这个故乡,年轻人需要向导和导师,那就是"我们德国的经典作家",他们是"古典教育的入门向导和秘教信使","只有在他们手上才能找到通往古代的正确道路"。说到为何如此的理由,尼采强调的仍是母语训练的重要性:"一切所谓的古典教育都只有一个健康自然的起点,即在使用母语时艺术上认真严格的习惯",借此得以"开启对形式的感觉",而母语经典作家在这方面做了最卓著的努力。对母语没有正确的艺术感觉,就绝不可能真正领悟古典作品。在文科中学里,由于完全放弃了对德国经典作家的认真研读和对母语写作的严格语言训练,因此也就不存在真正的古典教育。"没有人能够一步登天进入古代,可是,中学里对待古代作家的整个方式,我们古典语文学教师们所做的大量训诂,就是这样的一步登天。"[1]

尼采用轻蔑的语气谈论年轻一代的古典语文学者,他说:"当我们面对希腊这样的世界时,我们会感到自己无颜生存,在他们身上却很少看到这种羞耻感,相反,这些小无赖是多么肆无忌惮地把他们可怜的巢筑在最伟大的神庙里啊!这些人从大学时代起就在令人惊叹的希腊世界废墟上转悠,洋洋自得,没有敬畏之心……这些人是如此之野蛮,竟然按照他们的习惯在这些遗址上把自己安顿得舒舒服服:他们随身带去自己所有的时髦享乐装备和业余爱好物件,把这些东西藏

---

[1] 《论我们教育机构的未来》第二讲,本书第81—82页。

在古代立柱和墓碑后面；然后，当他们在古代环境里重新找出自己起先狡猾地悄悄放进去的东西时，就大声欢呼起来。"[1]简言之，古典语文学给他们提供的只是一份舒服的职业，而古典文化则成了他们牵强附会的学术把戏的对象。令人沮丧的事实是，大学在所谓"古典教育"上所做的事情就是培养出一代代这样的古典语文学者，然后又让他们去教文科中学学生做好同样的古典语文学准备，如此循环，使得真正的古典教育在全部教育机构中都不复存在。

1　《论我们教育机构的未来》第三讲，本书第97页。

六、教育的可悲现状

尼采对德国教育机构的现状深感悲哀,渴望改变,但显然信心不足。一个要命的障碍是教师的素质太差。按照他的看法,在19世纪晚期,经由伟大的语文学家沃尔夫的倡导,人文教育曾被严肃地当作文科中学的目标,可是"恰恰最重要的事情却没有做成,即用这种新精神为教师自身洗礼",从而使当年的成果得而复失,文科中学很快就回到学术至上的旧轨道上去了。[1]

随着教育规模的扩大,教师素质的问题愈益突出。"现在几乎到处都有数量过多的中等教育机构,因而不断需要大量的教师,远远超出一个民族哪怕一个素质优秀的民族按其本性能够产生的程度;于是,有太多不够资格的人进入了这些机构,靠了他们占优势的人数,凭借物以类聚的本能,他们逐渐决定了这些机构的精神实质。"在这样的机构中,真正适合当教师的极少数优秀者则必然地被边缘化了。这种情况也是与学生数量的泛滥直接相关的。"最优秀的人,一般来说用

---

1 《论我们教育机构的未来》第二讲,本书第85页。

较高标准衡量无愧于教师这个光荣称号的人，在文科中学的目前状态下，现在也许是最不适合于教育这些未经挑选、胡乱集合起来的青年的，相反，在一定程度上，他们所能提供的最好的东西倒是应该向这些青年保密；而绝大多数教师面对这些机构都如鱼得水，因为他们的禀赋与他们学生的胸无大志、精神贫乏处于某种协调的关系之中。"[1]

面对教育界的这种状况，有志于真教育的教师不免感到绝望。尼采借书中那位年轻教师之口向老哲学家诉苦："现在，请您告诉我，我的杰出的大师，到处都在逆一切真正的教育努力而行，我该如何怀着希望与之斗争，我怎么有勇气作为一个势单力孤的教师出场，既然我清楚地知道，每一颗刚播下的真教育的种子马上就会被伪教育的碾子无情地压碎？您想一想，今天一个教师最用心的工作会是多么徒劳，譬如说他想把一个学生送回无限遥远但极其感人的希腊世界，回到教育的真正故乡，可是，在下一个钟点，这个学生就会抓起一张报纸、一本流行小说，或一册这样品质的书，其文体已盖上了今日教育野蛮的令人恶心的标记。"[2] 他痛苦地承认："我在自己身上找不到一种力量，可以使我在英勇的斗争中取得成果，能够捣毁这个伪教育的堡垒。"[3] 很显然，尼采是在说自己作为一个年轻教师的切身感受和苦恼。

1　《论我们教育机构的未来》第三讲，本书第93页。
2　《论我们教育机构的未来》第一讲，本书第67页。
3　《论我们教育机构的未来》第二讲，本书第69页。

一方面是以古典文化为楷模的真教育的缺失，另一方面是受媒体野蛮趣味支配的伪教育的泛滥，在此情形下，教师们别无选择，逃往学术领域就有了其可悲的合理性。"他们试图在文科中学里强调一种相当狭窄的科学性和学术性，以求看得见一个实际的、牢靠的、毕竟也还是理想的目标，拯救他们的学生免受五光十色的幻象的诱惑，这些幻象在今天被称作'文化'和'教育'。这就是今日文科中学的可悲现状：最狭窄的立场在相当程度上是合理的，因为没有人能够到达或者哪怕指出一个地方，所有这类立场在那里会变得不合理。"[1]

尤其是数量众多的虽然资质平庸但良知犹存的教师，他们本来就与古典文化无缘，缺乏从事真教育的才能，只是因为"过多的学校需要过多的教师"才当上教师的，而他们的良知尚能识别新闻自命为教育是一个谎言。尼采一再问："这些可怜的人能够逃往哪里呢？……除了逃到最沉闷、烦琐、枯燥的学科中，从而可以不再听见喋喋不休的教育叫嚣，还能逃往哪里呢？长此以往，最后他们岂不只好像鸵鸟一样，把自己的脑袋藏在沙堆里！埋头于方言、词源学、考证，度过蚂蚁般勤劳的一生，尽管离真正的教育仍十分遥远，但至少可以闭目塞听，不闻时髦文化的噪音，这于他们岂不是真正的幸福？"[2]

学生的境况更加可怜。在学校里，"无人能够抗拒那个使

---

[1] 《论我们教育机构的未来》第二讲，本书第88页。
[2] 《论我们教育机构的未来》第三讲，本书第102页。

人疲惫、糊涂、神经紧张、永无喘息之机的强迫性教育"。走出大学校门,等待着他们的是纠结和失败的人生。尼采生动地描绘了这种纠结和失败:"走上被任用和雇用的实际岗位之后……他感到无能引导自己,帮助自己,于是绝望地沉浸到日常生活和劳作的世界里面……他突然又振作起来了……这么早就沉湎在一个狭小的专业领域里,这一点使他惊恐;现在他抓向一个支撑物,以求不被扯到这条路上去。可是徒劳!……在悲凉而无可慰藉的心情中,他看见自己的计划成为泡影,他的状况令人厌恶,毫无价值,只是繁重的事务和忧伤的疲惫的交替……他解除了他的斗争的重要性,感到自己已经准备好去追求任何实际的乃至低级的利益。现在他在匆忙不歇的行动中寻找他的安慰,要在其中把自己在自己面前隐藏起来。他茫然失措,没有人引导他走向那种改变人生形态的教育,受尽怀疑、振奋、生计、希望、沮丧的捉弄,表明头顶上他能够据以驾驶他的航船的所有星辰皆已熄灭……最后他让缰绳松开,开始蔑视自己。"这还是那种"最好的、确实渴望真正教育的心灵",却被伪教育无情地毁掉了,足以令人扼腕叹息。至于那些"无所用心的粗糙天性",他们本来就是平庸之辈,"经由他们的低级爱好,他们的成熟的专业限制,他们业已证明,这些因素对于他们恰恰是合适的",所以就毋庸多言了。[1]

出路何在?尼采寄希望于他心目中的"真正的德国精神"

---

[1] 《论我们教育机构的未来》第五讲,本书第139—140页。

之复兴，借之才能使德国的教育机构得以新生，为此他呼唤和寻觅志同道合之士。他指出，面对现状，天赋优良的人可以有两种选择。"走其中的一条路，你们会受到时代的欢迎，它对你们不会吝惜花环和勋章，那些强势党派将为你们撑腰，你们的前后左右将站满同党。领队振臂高呼口号，整个队伍一齐响应。在这里，第一义务是在队列中战斗，第二义务是消灭不肯站在队列里的任何人。另一条路却使你们旅伴稀少，它艰难、曲折、崎岖，看你们在那里疲惫跋涉，走在第一条路上的人们会讥笑你们，还会试图引诱你们投奔他们。"后一条路就是为真正的教育和天才的培育而努力工作。选择走哪一条路，起决定作用的不是天赋的程度，因为许多天赋优良的人也受到了前一条路的诱惑，而是"一种崇高精神品质的高度和程度"，"英雄气概和甘愿牺牲的本能"，以及内心中"对于真正教育的需要"。[1]

我们不知道尼采的呼唤是否得到了少许的回应，我们只知道，在他发出呼唤之后，不但德国，而且全世界的教育机构都在功利化的路上走得更远了。就此而论，面对当时初露端倪的现代文化和现代教育之趋势，尼采既是一位预言家，又是一个堂吉诃德。

2011 年 7 月

---

[1] 《论我们教育机构的未来》第四讲，本书第 124—125 页。

论我们教育机构的未来[1]

---

[1] *Über die Zukunft unserer Bildungsanstalten*. 本书是尼采1872年1至3月在巴塞尔大学做的五篇公开讲演,生前未出版。原载《校勘研究版尼采全集》第1卷。原文各讲只有序号,标题和内容提要为译者所加。

导言[1]

一

现代教育机构唯"时髦"和"合乎时势"是求。存在着两种貌似相反、实质相同的倾向:在外延上扩大教育,在内涵上缩小教育。两种倾向皆违背自然的意图,教育集中于少数人是自然的必然规则。

我给我的讲演所拟的题目应该尽可能确定、明白、直截了当,这是任何题目都理应做到的,但我现在清楚地发现,由于它过于简短,本来极其确定的含义反而变得模糊不清了。因此,我不得不如此来开头,先向我尊敬的听众解释这个题目以及本讲演的任务,在必要时还要请求你们的包涵。当我许诺谈论我们教育机构的未来之时,我所想的首先完全不是我们巴塞尔此类机构的特殊的未来和发展。你们也许常常会

---

[1] 在原稿中,"导言"和"前言"都只有序号"一",译文保持原状。

希望，我在说明我的许多一般观点时，能够举些我们本地学校教育[1]机构的例子，但是，我不准备这样来举例，也不准备为类似的运用我的观点的做法承担辩护的责任。原因正在于，我认为自己对本地情况太陌生，太缺少经验，我感到自己远未在本地环境中牢固扎根，因而不能正确判断一种如此专门的教育体制形态，更不能有相当把握地预言它的未来。另一方面，我越来越意识到了我是在什么地方做这个讲演，是在这样一个城市里，它在一种无比重大的意义上，以一种令许多大国惭愧的规模，努力促进着其市民的教育和学习，以至于如果我断言，哪里的人们为一件事情做得越多，那里的人们对这件事情也就想得越多，我一定不会说错。然而，这正是我的愿望，也是我的前提，就是在这里和听众进行精神上的交流，这些听众同样也深入思考过学校教育问题和广义教育问题，他们愿意用行动来推动已被认识的真理。鉴于任务的艰巨和时间的短促，唯有在这样的听众面前，我才能够使自己得到理解——也就是说，他们立刻就悟出那些只可意会的内容，补上那些必须保持沉默的内容，简言之，他们需要的

---

1 此处为 Erziehung。在德语中，动名词 Bildung 和 Erziehung 都是教育之义，前者的动词 bilden 原义是形成、塑造，后者的动词 erziehen 原义是培植。在使用时，Bildung 侧重指广义的、本来意义上的教育，Erziehung 侧重指具体的教育，例如学校教育，但有时也可通用。在汉译中，无法表达其细微差别，只能根据上下文选择相应的译法，前者译为教育、教化、广义的教育、真正的教育，后者译为教育、教学、学校教育。

只是提醒,而非教导。

所以,我完全拒绝被看作巴塞尔学校问题和教学问题上的一名业余顾问,同时,我也不想从今日各文明民族的整个视野出发,来预言教育和教育设施的最近之未来。在这一太宽的视野中,我的眼睛会失明,就像太近就会看不清一样。这样,在**我们的**教育机构这个概念下,我所理解的既非巴塞尔特有的形式,也非最广泛的、囊括一切民族之现状的无数形式,而是指这方面的**德国公共机构**(die deutschen Institutionen),我们甚至在这里也不得不享有它们呢。这些德国公共机构,包括德国的国民学校、德国的实科中学、德国的文科中学、德国的大学,其未来很令我们操心。在这里,我们首先要完全不理睬一切比较和评价,尤其要抵御那种谄媚的妄念,仿佛对于其他文明民族来说,我们的状况无人超过,正可普遍用作典范。指出这一点即已足够:这是我们在其中被塑造成型的学校,它们并非偶然地和我们联系在一起,它们不是像一件衣服那样穿在我们身上,而是宛如各种重要文明运动的活的纪念碑,在"祖传家当"本身的一些结构之中,它们把我们与民族的过去相联结,在其本质的特征上是如此神圣和可敬的遗赠,因此,我知道,唯有在尽可能接近它们从中产生的那种理想精神的意义上,方可谈论我们教育机构的未来。就此而论,我坚定地认为,当今时代为了使它们"合乎时势"而对这些教育机构擅做的许多改变,大部分都不过是歪曲和偏离了它们创办时的高贵初衷。有鉴于此,倘若我们敢于对未来有所希望,那应是德国精神的普遍革新、振兴和净化，使得这些机构也能相应地从之新生，然后，在此新生之后显得既新亦旧，而现在它们却总是唯"时髦"和"合乎时势"是求。

我仅在这一希望的意义上谈论我们教育机构的未来，而这是我为了请求原谅必须从头加以说明的第二点。天下最狂妄的事情便是想做先知，以至于如果一个人解释说自己并不想做先知，听起来就已经很可笑了。关于我们教育的未来，以及与之相关联的我们教学设施和教学方法的未来，任谁也不能用预言的腔调来宣说，倘若他不能证明这种未来的教育在一定程度上已经存在，并在高得多的程度上显示了它必将对学校和教学机构产生影响。只是请允许我像一个罗马的内脏占卜师[1]那样，根据现在这个时代的内脏来猜测一下未来：这里要说的不多不少正是预言一种业已存在的教育趋势将来的胜利，尽管眼下它不被喜欢，不受重视，未得到推广。但是，它必将胜利，对此我信心十足，因为它有一位最伟大最有力的盟友，就是**自然**。谈到这一点，我们当然不可讳言，我们现代教育方法的许多前提具有不自然的性质，而我们时代最危险的缺点都是与这些不自然的教育方法相关联的。如果谁觉得自己与这个时代完全是一体，认为它是一种"自明"的东西，那么，我们既不会因为这种信念，也不会因为"自明"这个骇人听闻地组合起来的流行词而嫉妒他的。然

---

[1] 内脏占卜者（Haruspex），根据祭坛上动物牺牲品内脏进行占卜的人。

而，如果谁陷入相反的立场，已经绝望，他也不再需要进行战斗了，而只需把自己交给孤独，赶紧自己待着。可是，在这"自明者"和孤独者之间挺立着**战斗者**，即满怀希望的人，作为其高贵而崇高的表达，我们眼前挺立着我们伟大的席勒，就像歌德在《钟》(*die Glocke*)的后记中给我们描绘的那样：

> 现在他的面颊烧得越来越红，
> 因为那永远不会飞走的青春，
> 因为那迟早将要战胜
> 冷漠世界的抵抗的英勇，
> 因为那不断增长的信心，
> 它时而果敢亮相，时而耐心深藏，
> 善缘因之而工作、生长、造福于人，
> 日子因之而终于走向高贵的人。

我希望我尊敬的听众把我到现在为止所说的话看作开场白，其任务仅是解释我的讲演题目，防止对它的可能的误解和不适当的要求。现在言归正传，在我的考察的入口处，为了划定基本的思考范围，以便由之出发尝试对我们的教育机构作一判断，在这个入口处应该有一个表述清晰的论点，如同纹章盾牌，向每一个来访者提示他正要走进什么屋子和庄园，假如在看了这个盾牌后，他还喜欢一座被这样标记的屋子和庄园，而不是宁愿转身离开的话。我的论点是：

在现代，有两股貌似相反、就其作用而言同样有害、就其结果而言终于汇合的潮流，统治着我们原本建立在完全不同的基础上的教育机构：一方面是尽量**扩展教育**的冲动，另一方面是**缩小和减弱教育**的冲动。按照前一种冲动，教育应当被置于越来越大的范围中，另一种倾向的人则要求教育放弃它的最高的骄傲使命，而纳入为另一种生活形式即国家生活形式服务的轨道。鉴于扩展和缩小这两种危险倾向，倘若有朝一日我们不能帮助两种相反的、真正德国的、一般来说前程远大的倾向获胜，那真是要绝望了。我说的是使教育**窄化和浓缩**的冲动，它与尽量扩大是相对立的，以及使教育**强化和自足**的冲动，它与缩小教育是相对立的。然而，我们相信有可能获胜，支持我们的是这一认识：扩展和缩小这两种倾向恰恰是违背自然的永恒意图的，教育集中于少数人乃是自然的必然规则，是普遍的真理，而那两种冲动却是想要建立一种虚构的文化。

前言

（供讲演前阅读，虽然它实际上与讲演无关）

一

这本书是为少数人写的，作者用它来寻找散落在各处的超越时代骚动的人。

我对之有所期待的读者必须具备三个特征：他必须静下心来，而非匆忙地阅读；他不可总把他自己和他所受的"教育"带入阅读；他不可期望结束时得到一些类似于结论的标准答案。我不许诺适用于文科中学和实科中学的标准答案及新课程，毋宁赞赏那些人的强有力天性，他们能够普查整条道路，从经验的深处上升到真正文化问题的高处，又从那里下降到最枯燥的规章和最细致的表格之低处；当我喘着气攀登上一座险峰，自由的视野令我心旷神怡，我才感到满意，而在这本书中，我恰恰决不会让爱好标准答案的人感到满意。

我真切地看到一个时代正在来临，到了那时，正在为广义教育（Bildung）的革新和净化服务和共同工作的严肃的人们，也将重新成为日常学校教育（Erziehung）——通往那种新教育的学校教育——的立法者；然后他们也许会再次制定标准答案——可是这个时代是多么遥远！而在此期间必须发生什么事啊！在那个时代与现在之间，也许文科中学要灭亡，甚至也许大学要灭亡，至少这些教育机构要完全改变面貌，以至于在后代的眼中，它们的旧标准答案就会像是木桩建筑时代的遗迹。

这本书是为安静的读者写的，是为那些人，他们尚未被卷进我们这个飞速转动的时代的令人眩晕的匆忙之中，尚未被它的轮子碾碎并因此感到一种为偶像献身的满足——这就是说，是为少数人！不过，这些人并不喜欢根据是节省时间还是浪费时间来估价每件事情，他们"来日方长"；他们尚可毫不内疚地选择和搜集一天的好时光，那些富有成果和活力的瞬间，来认真思考我们教育的未来，他们甚至可以相信，他们是以十分有益和值得的方式，也就是在 meditatio generis futuri（对种族未来的思考）之中，度过了自己的日子。这样一个人在阅读时并不耽误思考，他善于读出字里行间的秘密，是的，他的天性如此挥霍，以至于也许在放下书本很久以后，他仍在思考读到的东西。而且不是为了写书评或者也写一本书，而只是为了思考！真是该罚的挥霍！他心静不躁，足以和作者一起踏上一条康庄大道，这条路的目标只有遥远的后代才能完全清晰地看到！相反，如果一个读者情绪激动，急于求成，如果他想要立即采摘整整一代人也未必能争取到的果实,我们就不得不担心他没有理解作者。

最后,第三个,也是最重要的要求是,在任何情况下,他不可按照现代人的方式,不停地带进他自己和他所受的教育,仿佛那是衡量一切事物的可靠的尺度和标准。相反,我们倒希望他有足够的教养,知道谦虚地甚至轻蔑地看待他所受的教育;然后,他才能够完全信赖地听从作者的引导,这个作者正是从一无所知并且知道自己一无所知的立场出发,才敢于这样对他说话。作者别无所需,只需要一种已被强烈地点燃的感受,感受到我们德国现代式野蛮的特征,那种把我们19世纪的野蛮与其他时代的野蛮如此醒目地区别开来的东西。

现在,他用手里的这本书寻找这些人,他们被一种相同的感受所震荡。让它找到你们,你们这些散落的人,我相信你们是存在的!你们这些无私的人,你们为德国精神的患病和堕落而感到切身的痛苦,你们这些沉思的人,你们的眼睛不是匆忙躲闪地掠过事物的表面,而是善于发现通向其本质之核心的入口,你们这些心灵高贵的人,正像亚里士多德所赞扬的,你们犹豫而无为地度过一生,而在世俗生活之外,巨大的光荣和伟大的事业盼望着你们!我呼唤你们!唯在这一次,请你们不要躲进你们的孤独和你们的怀疑的洞穴里!至少做这本书的读者吧,为了在这之后,通过你们的行动,将它否定和遗忘!请想一想,它是注定要做你们的传令官的,一旦你们自己装备起来,在战场上出现,谁还会想到要回头看一眼这个呼唤你们的传令官呢?

第一讲 现代教育的两种倾向

回忆学生时代抵制功利化教育体制和进行自我教育的经验。扩大教育的倾向：教育的普及化，使教育沦为谋生的手段。缩小教育的倾向之一：教育的学术化，使教育沦为学术分工的工厂。两种倾向在新闻界合流：教育的新闻化，使教育沦为新闻的附庸。

我尊敬的听众，我请你们来和我一同思考的这个题目是如此严肃和重要，在一定意义上如此令人不安，以至于我和你们一样会走向随便哪一个人，倘若他允诺就同一题目有所赐教，这个人还如此年轻，因此甚至使人不敢相信，他竟能够从自己出发，凭借自己的本事，充分做好与这样一个任务相称的事情。不过，毕竟可能的情况是，关于向我们教育机构的未来发出的令人不安的提问，他曾经**听到**过一些正确的意见，那是他现在想要对你们复述的，可能的情况是，他曾经有过一些非同寻常的良师，他们预言未来应该是很称职的，并且就像罗马内脏占卜师那样，是从这个时代的内脏出发的。

事实上，你们所期待的正是这类东西。由于罕有的、终究是很无辜的情形，我成了倾听一次谈话的耳朵，这次谈话由若干值得重视的男子汉围绕刚才那个题目进行，他们的见解的要点，他们把握这个问题的整个态度和方式，印刻在我的记忆里实在太牢固了，因此，当我思考类似事情时，已经不可能不走入同一条轨道了。只是我间或没有那种坚定的勇气，当时，这些男子汉不论在大胆地说出被禁的真理时，还是在更加大胆地建立他们自己的希望时，都对着我的耳朵和冲着我的惊奇表现了这种勇气。我越来越觉得，一劳永逸地笔录下这样一次谈话，激励别人也来评判如此不同凡响的观点和高论，是有好处的。而我有特别的理由相信，这一公开讲演的机会正好可以用来做这件事。

我本人十分清楚，我是在什么地方提议对那次谈话进行一般性思考的，是在这样一个城市里，它在一种无比重大的意义上，以一种令许多大国惭愧的规模，努力促进着其市民的教育和学习，以至于如果我猜想，哪里的人们为一件事情**做**得越多，那里的人们对这件事情也就**想**得越多，我一定不会弄错。然而，在我复述那次谈话时，唯有面对这样的听众，我才能够完全被理解——就是这样的听众，他们立刻就悟出那些只可意会的内容，补上那些必须保持沉默的内容，简言之，他们需要的只是提醒，而非教导。

现在你们，我尊敬的听众，请听我的无辜的经历，以及那些迄今为止默默无闻的男子汉的不算太无辜的谈话。

让我们设身处地想一下一个年轻大学生的状态，即这样一种状态，它处在这个时代的永不停歇的骚动之中，简直令人难以置信，一个人必须经历过它才会知道，无动于衷地把自己切割成碎片，被当下夺去那种仿佛永恒的愉悦，竟是可能的。在这种状态中，和一个同龄朋友一起，我在莱茵河畔的波恩大学度过了一年光阴：这一年，没有任何计划和目标，没有对未来的任何考虑，我今天觉得它简直是一场梦，与此同时，它又被从前后两个方向装进了清醒的时间框架里。我们两人保持着安静，不管我们是否正和一个人数众多、兴趣和追求迥异的学生社团生活在一起；有时候，面对这些我们同龄人过于热闹的打扰，我们疲于应付或拒绝。但是，当我现在回想时，这种违心的玩闹本身始终带有一种性质，很像每个人在梦中都有过的各种受阻的体验，比如相信自己能够飞起来，却又感到被不明障碍拽了回来。

对于成长的早期阶段，对于我们的中学岁月，我和我的朋友拥有许多共同记忆，我要马上描述其中之一，因为它构成了向我的无辜经历的过渡。在我早期的莱茵河之游中，有一次是和那位朋友一起去的，时间是在夏末，几乎同时同地，一个计划不约而同地在我们脑中产生，这种心灵相通是如此不同寻常，使我们觉得必须把它实现。我们当时就决定，成立一个由少数同学组成的小团体，为我们在文学艺术方面的创作爱好寻求一种稳固的、有约束力的组织形式。简单地说，也就是我们中每人每月必须交一件自己的作品，可以是一首诗、一篇论文、一幅建筑草图，或一部音乐作品，然后，其他所有人都应该极其坦率地对这件作品做出友好的批评。我们相信，通过互相监督，就能够既激发又控制我们的文化冲动，而事实上这个办法也确实有效，因此，对于使我们突发奇想的那个时刻和那个地点，我们始终心怀感激之情乃至庄严之感。

我们很快为这种情感找到了相应的形式，彼此约定，只要情况允许，就在每年的那一天造访位于若兰特采克（Rolandseck）的那个僻静的地点，正是在那里，在当年的夏末，我们各自沉思着，忽然心有所动，做出了相同的决定。准确地说，这个约定未被足够严格地实行；然而，正因为我们为这种疏忽而良心有所不安，在波恩的那个学年，当我们终于又在莱茵河畔住下来时，我们两人就更加坚定地决定，这一次不但要满足我们的规则，更要满足我们的感情，我们强烈的感激之情，在合适的日子以庄严的方式拜访位于若兰特采克的这个地点。

这对于我们并非易事，因为恰好在这一天，那个妨碍我们飞翔的人数众多而活跃的学生社团找我们麻烦了，动用了一切可能的关系全力把我们往下拽。我们的团体决定在这个时间举行大型隆重郊游，目标是若兰特采克，以求在夏季学期期末再次确认其全体成员，并欢送大家带着最美好的告别记忆各奔家乡。

这是一个完美的日子，在我们的气候中极其罕见，唯有夏末时光才会出现这样的天气：煦日的温暖、早秋的清新与碧蓝的苍穹神奇地交融，使得天地静谧流转如一体。我们脱下平时黯淡的服装，排成只有大学生才会觉得赏心悦目的色彩鲜艳如梦的队伍,登上一艘汽船,船上喜庆地悬挂着我们引以自豪的三角旗,甲板上插着我们的团旗。莱茵河两岸不时响起信号弹的声音,按照我们的指示,向莱茵河畔居民,特别是向我们的若兰特采克东道主报告我们到达的消息。现在我不去讲述从码头出发穿越令人兴奋的新奇地方的那喧闹的进入,也不去讲述并非谁都听得懂的我们彼此之间找的乐子和开的玩笑;我略过一顿逐渐活泼起来甚至变得粗野的聚餐,一场令人难以置信的音乐会,全体聚餐者都必须有时通过独演、有时通过合演参加这个音乐会,而作为我们团体的音乐顾问,我曾负责其排练,现在则担任指挥。在演奏到有些杂乱、速度越来越快的终曲时,我已朝我的朋友做了个手势,而在响起号叫似的最后一声和弦之后,我们两人立刻从大门口消失了,留在我们身后的几乎是怒吼的深渊。

顿时神清气爽,面前是万籁俱寂的大自然。暮色开始笼罩,夕阳静静地燃烧着,但已西斜,从莱茵河上闪烁的淡绿云彩吹来一阵微风,拂过我们滚烫的脸蛋。我们的庄严记忆责令我们善用这一天的剩余时间,于是我们想到,要用我们自己的一种业余爱好来度过一天中最后的白昼时光,而当时我们在这方面是多么富有。

当时我们都喜欢玩手枪,在后来的军事生涯中,这门技术对我们中每一人都大有裨益。我们团体的仆役知道我们那一个在远处高地的射击场,事先已经替我们把手枪带到那里。若兰特采克背后的丘陵上覆盖着一片森林,这个场地就位于那片森林的上部边缘,在一块凹凸不平的小台地上,而且就在我们庄严的创立地点附近。在树木葱茏的斜坡上,朝我们的射击场方向,有一块小小的林中空地,一个邀人坐下的地方,从那里可以透过高矮不一的树丛望见莱茵河,以至于刚好是七座峰(Siebengebirg)尤其是德拉欣费尔峰(Drachenfel)的美丽盘绕的公路给树丛的空隙划了界,而怀抱着诺嫩沃尔特岛(Nonnenwoerth)的闪光的莱茵河本身则成了这个剪辑出来的圆圈的核心。这就是我们的被共同梦想和计划神圣化了的地点,如果我们要在我们自己法则的意义上结束这一天的话,我们就希望甚至必须在黄昏时刻回到这里。

一旁,在那块凹凸不平的小台地上,不远处有一棵粗壮的橡树桩,孤零零地立在光秃的平地和低矮起伏的山丘的背景下。在这棵树桩上,我们曾经合力凿刻出一个清晰的五角星图形,经过去年暴雨的冲刷,凿痕开裂得更宽,为我们的枪技提供了一个理想靶子。当我们到达我们的射击场时,已是晚晌时分,我们的橡树桩把又粗又长的阴影投在稀疏的松林上。万籁俱寂,我们脚下,莱茵河方向,那些高树挡住了我们的视线。在这寂静中,我们每射一枪,回声震荡,格外惊心动魄——而我刚向五角星射出了第二枪,就感到臂膀被人有力地抱住,同时也看到我的朋友被以相同的方式阻止。

我迅速转过身子,看见一个老人的愤怒的脸,同时感觉到有一条凶猛的狗在向我的后背冲来。我们——也就是我,以及同样被另一个较为年轻的男人阻止的我的同学——还没有来得及回过神来,用语言表达我们的惊奇,老人已经用有力而逼人的声调开口了。

"不！不！"他向我们喊道，"不要在这里决斗！你们根本不需要决斗，你们这些大学生！把手枪扔下！冷静下来，彼此和解，拉一拉手！怎么？你们是大地的骄傲、未来的精英、我们的全部希望——连你们也不能摆脱荒唐的荣誉问答手册及其动武权条例？我倒不想伤你们的心，只想稍稍为你们的头脑争光。你们有希腊与拉丁的语言和智慧做你们青春的保育员，得到了无价的关怀，年轻的心灵早早就沐浴着黄金时代智者和高贵者的光芒——难道你们竟想这样来开始，把骑士荣誉的信条，亦即愚昧和野蛮的信条，树为你们的准则？——好好地看一看它吧，用你们的头脑仔细地想一想它吧，揭开它可怜的狭隘性，不要用你们的心，而要用你们的理智做标准来检验它。如果现在不抛弃它，你们的头脑将不适宜于在那样一个领域里工作，在那里，必须具备能轻松扯断成见之束缚的有力的判断力，发出正确告诫的理智，这个理智即使在真理和谬误的差别深藏不露而不像现在这样伸手可触的场合，也能清楚地把它们分开。倘若这样，我的好人儿，你们还不如寻找另一种正直的方式度过一生，去当兵或者学一门手艺，那才是脚踏实地。"

我们激动地回答了这些逆耳忠言，其间我们常常打断彼此的话："首先，您弄错了事实；因为我们根本就不是要在这里决斗，而是要练习射击。其次，看来您完全不懂决斗是怎么回事，您想一想，我们怎会像两个强盗那样在这荒僻地方对峙，没有助手、医生等？最后，第三，关于决斗的问题，我们两人中每人都有自己的立场，无意受您那一套教训的打扰和吓唬。"

这种相当无礼的态度给老人留下了恶劣印象；当他发现事情与决斗无关时，才比较友好地瞥了我们一眼，我们的结束语惹他生气了，他咕哝了一声；而听到我们竟敢谈论我们自己的立场，他一把抓住他的同伴，迅速转过身，朝我们厉声喝道："一个人不能只有立场，还得有思想！"其间他的同伴也喊道："要敬畏，哪怕在这样一个人弄错了的时候！"

然而，这时我的朋友又已卧倒，一边喊着"小心"，重新开始朝五角星射击了。背后突然响起的嗒嗒声使老人暴跳如雷；他再次转过身，恶狠狠地盯着我的朋友，然后用柔和的声调对他的较为年轻的同伴说："我们该做点什么呢？这两个年轻人用他们的爆炸伤害了我。"

"你们必须懂得，"这个年轻一些的人开始对我们说，"你们的爆炸娱乐在眼下这个场合是对哲学的真正谋杀。请注意这位可敬的男人——他正在请求你们不要在这里射击。而倘若这样一个人在请求……"

"就这么办吧！"老人打断他，严厉地看着我们。

我们根本不知道，面对这种事情我们可以做什么；我们不清楚，我们有点儿吵闹的娱乐和哲学有什么关系，我们也不明白，为什么我们必须为了莫名其妙的礼貌考虑而放弃我们的射击场地，而现在我们又为什么可能是思路不对、令人生气的。那个同伴看见我们此刻的惊愕表情，便向我们解释事情的经过。他说："我们必须在这里，在你们的附近待几个钟头，我们有一个约定，按照约定，这个著名人物与他的一个著名的朋友今晚要在这里会面；而且，我们为这次会面选择了一个安静的场地，有一些长凳，就在这儿靠近小丛林的地方。如果我们不断遭到你们的射击练习的惊扰，就太不愉快了；据我们推测，倘若你们听说，挑选这个宁静偏僻地方与他的朋友见面的那个人是我们最杰出的哲学家之一，你们自己就会觉得不能再在这里射击了。"

这个解释使我们更加不安了，我们现在看到一个更大的危险在逼向我们，而不只是失去我们的射击场地，便急忙问道："这个安静的场地在哪里？莫非是在左边小丛林里？"

"正是。"

"可是这个场地今晚属于我们两人！"我的朋友喊道。"我们必须拥有这个场地！"我们两人一齐喊道。

对于我们来说，此时此刻，我们早已决定的节日欢庆比世上一切哲学家都重要，我们如此热切而激动地表达我们的感觉，以至于我们——以及我们的本身不可理喻的却又急切地说了出来的要求——似乎显得有些可笑。至少我们的哲学不速之客面带微笑，用质询的目光望着我们，仿佛我们现在必须请求原谅。可是我们保持沉默，因为我们想尽量少暴露自己。

双方就这样无声地对峙着，而在这期间，树梢顶上已铺展开一大片绚烂的晚霞。哲学家盯着落日，哲学家的伙伴盯着哲学家，我们盯着树林中我们的隐匿所，在我们眼中，今天它正面临严重的威胁。一阵怒气袭上我们的心头。我们想，一切哲学算得了什么，倘若它阻挠我们逍遥自在，单独与朋友快乐相会，倘若它妨碍我们自己成为哲学家。因为我们相信，我们对记忆中日子的纪念是真正哲学性质的，届时我们要为我们今后的生活制定严肃的目标和计划；我们希望，通过各自认真思考，能够找到一种东西，它在未来将以相似的方式塑造和满足我们最内在的心灵，一如少年时代的那个创造性举动。这是真正的神圣事业；让我们单独待在一起，坐在那里沉思——没有比这更重要的事了，就像五年前我们在一起凝神思考做出了那个决定。那必须是一个无声的纪念活动，只有过去，只有未来——现在仅仅是两者之间的一个破折号。可是，眼下一个敌对的命数闯进了我们的魔境——而且我们不知道该怎样除掉它；我们甚至感到，这次相遇异乎寻常，隐藏着某种神秘的诱惑。

我们就这样分成敌对的双方，无声地对峙了很长时间，我们头顶的晚霞越燃越红，黄昏越来越宁静而柔和，我们仿佛在偷听大自然有规律的呼吸，看它满意于自己的艺术作品和完美的一天，结束它一天的工作——就在这时，从莱茵河方向传来一阵猛烈而嘈杂的欢喊，撕破了黄昏的寂静；远处人声鼎沸——那当然是我们的大学生同伴们，他们现在想必是要在莱茵河上荡舟了。我们想到，我们将会甚至已经错过了什么，就在这同时，我和我的朋友举起了手枪，我们的射击震起了回声，与回声一起，远处传来了一阵熟悉的叫喊，那是应答的信号。因为在我们的团体里，我们是臭名昭著的手枪迷。

然而，在同一时刻，我们意识到，我们的行为是对那两位新来的哲学家的最大不敬，他们一直沉默着，站在那里静静地观察着，现在被我们的两声枪响惊得跳到了一旁。我们赶紧走向他们，轮流喊道："请原谅我们。现在是最后一次了，这一枪轮到我的同学。这也是可以理解的。你们听见了吗？——如果你们真的想要这儿左边小树丛里的那个僻静场所，那你们至少应该允许我们也坐在那里。那里有好几条长凳，我们不打扰你们，我们安静地坐着，不会说话。可是，七个小时已经过去了，我们**必须**现在就去那里。"

"事情听起来比实际情形要神秘一些，"停顿了一会儿，我接着说，"我们之间有一个最严肃的约定，要在那里度过最后这几个小时；而且有这样做的理由。对于我们来说，这个地点被一个美好的记忆神圣化了，它也应该为我们的一个美好的未来奠基。所以，我们也将努力不给你们留下坏的记忆——特别是在我们多次打扰和惊吓你们之后。"

哲学家继续沉默，而他的年轻同伴则开口说道："很遗憾，我们的约定和约会以同样方式约束了我们，地点和时间都一模一样。我们只有这个选择，不管我们认为是哪一个命运之神或小精灵对这个巧合负有责任。"

"此外，我的朋友，"哲学家补充道，"我对我们的年轻手枪射手比以前更为满意了。你发现了没有，刚才我们凝望落日时，他们是多么安静？他们不说话，他们不吸烟，他们静静地站着——我几乎要相信，他们是在沉思。"

接着他快速转向我们说："你们沉思**了**吗？我们一起去我们共同的安静场所的路上，你们跟我说说。"然后，我们一起走了几步，爬下一个坡，来到树林里一个温暖潮湿的地方，那里已经很暗了。在路上，我的朋友坦率地告诉哲学家，他多么担心，生平第一回，今天一个哲学家会妨碍他进行哲学思考。

老人笑了。"怎么？您担心哲学家会妨碍您进行哲学思考？这就是说，某种情况可能已经发生，而您还没有感受到它？您在你们大学里没有获得经验吗？可是您毕竟听过哲学讲座吧？"

这是一个令我们不快的问题，因为当时我们对这方面的情况一无所知。我们当时也还存有一个善良的信念，相信凡是在一所大学占有一个哲学教席的人就是一个哲学家，而我们的课程恰好设置得很差，没有这方面的经验。我们诚实地说，我们没有听过哲学课，不过肯定有机会补上这一课的。

"可是你们怎么说要进行哲学思考？"他问。

我答道："我们是借用一个概念。我们毕竟觉得自己是要尽心尽力思考一个问题，就是我们怎样才能最好地成为一个有教养的人。"

"这又够又不够，"哲学家咕哝道，"倘若你们只是思考这个问题！这是我们的长凳，我们要在这里继续讨论了，我不想打扰你们思考怎样成为有教养的人的问题。我祝你们幸运并且——有自己的立场，就像在你们的决斗问题上一样，有自己正确、新颖、文明的立场。哲学家不想妨碍你们进行哲学思考；不过请你们也不要用你们的手枪惊吓他。今天你们且学一下毕达哥拉斯的门生，作为一种真正的哲学的信徒，他们必须保持五年沉默——为了你们如此关心的你们自己未来的教育,或许你们能够保持五刻钟沉默。"

我们如愿以偿,开始纪念记忆中的日子。仍像五年前那个时候,莱茵河在氤氲中起伏,天空闪烁着光芒,树木散发出清香。我们坐在远处一条长凳的那一端,几乎像是躲在那里,使得哲学家和他的同伴都不好意思再正眼看我们。我们清静了;当哲学家压低的话音传到我们这里时,已与树叶摇动的簌簌声、密集在树林上空的无数飞虫的嗡嗡声混合,几乎也成了一种天籁;它只是声音,就像远处单调的诉说。我们的确没有受到干扰。

就这样过了一些时间,晚霞渐渐消失在夜色之中,而记忆中少年时代的自我教育壮举越来越清晰地浮现在我们眼前。我们觉得,我们应该无比感谢那个特别的小团体,对于我们来说,它不只是我们中学学习的补充,而完全是真正富有成果的交往,在它的氛围中,我们把我们的中学也只当作服务于我们的一般教育努力的个别手段。

我们发现,多亏我们的小团体,当时我们压根儿不去想所谓职业的问题。国家要尽快为自己培养出合用的公务员,通过负担过重的考试保证他们的绝对顺从,为此频繁地剥削中学生的年华,而这一切被我们的自我教育拒于千里之外;任何功利的考虑,任何飞黄腾达的意图,都不能支配我们,一个今天仍使我们中每一人感到安慰的事实是,我们俩现在还不真正知道将来要做什么,而且我们对此毫不忧虑。我们的小团体在我们身上哺育了这种幸运的无忧无虑;正是为了这，我们在纪念它的时候心怀由衷的感激。我曾说过，对于我们这个厌弃一切无用之事的时代来说，这样漫无目的地自得其乐，这样优哉游哉地逍遥度日，想必几乎是难以置信的，至少是该受谴责的。我们是多么无所事事啊！而且我们对自己的无所事事是多么自豪啊！我们两人好像在比赛，看谁更加无所事事。我们没有主张，没有党派，没有目标，我们没有远虑，只想做惬意活在当下的无用之人——我们也的确做到了，上帝保佑我们！

我们当时的情况似乎就是如此，我尊敬的听众们！

做完这个庄严的自我考察，我正要用同样自满的口气回答关于**我们教育机构的未来**的问题，差不多就在这时，我逐渐感到，从远处哲学家的长凳方向传来的声音失去了原先天籁的性质，变得急切刺耳多了。我突然意识到，我在倾听，我在偷听，我遏止不住地在偷听，我伸长耳朵在倾听。我踢了踢也许有些困倦的我的朋友，小声对他说："别瞌睡了！那里也许有我们可学的东西。那些东西适合于我们，即使并不是针对我们。"

我听到，那个年轻的同伴怎样相当激动地替自己辩护，哲学家又怎样用越来越有力的语调对他进行抨击。"你没有变，"哲学家对他喊道，"可惜没有变，我无法相信，你仍是七年前那个样子，那是我最后一次见你，离开你时我怀着希望，但没有把握。很遗憾，虽然我不高兴这样做，仍不得不扯下这期间你给自己披上的那张现代教育的皮——我在那下面找到了什么？仍是同样不变的'概念式'（intellegibl）特性,就像康德所理解的那样,但可惜也是不变的理智能力式(intellektuell)特性——它可能也是一种必然性,然而是一种不能给人以安慰的必然性。我扪心自问,你的心灵并不愚钝,确实有求知的渴望,倘若你在与我交往中度过的全部岁月竟仍未留下更重要的印象,我的哲学家生涯究竟还有何意义?看你现在的举止,好像你从来没有听说过整个教育方面的主要原理,而其实在我们以前的交流中,我是常常强调的。说吧,这个原理是什么?"

"我记得,"挨了责骂的弟子答道,"您经常说,倘若人们知道,最后真正教育成了的和一般来说能够教育成的人的数目是如此难以置信地稀少,就没有人会愿意受教育。然而,如果不是有众多的人违背其本性,只因受了诱人幻觉的支配而参与受教育,就不可能有这真正教育成了的少数人的存在。人们千万不可公开泄露真正教育成了的人数与庞大的教育机构之间的这种可笑的不相称;这里隐藏着教育的真正秘密,即无数的人表面上似乎是在为了自己受教育,实际上是在为了使少数人受教育成为可能而替教育事业工作。"

"就是这个原理,"哲学家说,"不过你是否忘记了它的真正含义,以便相信你自己是那少数人中间的一个?你是这样想的——我洞若观火。可是,这是我们这个有教养时代毫无价值的标志之一。人们把天才的权利加以民主化,目的是解除真正的教育工作和教育需要。只要可能,每个人都想坐在天才栽种的大树的树荫里。为了使天才能够产生,就必须为之工作,而人们却想逃避这艰难的义务。怎么?你是太骄傲了,因此不愿意当教师？你瞧不起大批挤向学校的学生？你带着蔑视谈论教师的使命？你以敌视的态度与多数人划清界限，然后想过一种孤独的生活，模仿我和我的生活方式？我必须经过长期顽强奋斗才终于达到的目标，即能够作为哲学家而生活，你相信自己一下子就能立刻达到？你不害怕孤独会在你身上为自己复仇吗？若要尝试做一个文化隐士——一个人就必须拥有一种过剩的丰富，以便能够从自己出发为万物生活！——杰出的年轻人啊！他们相信自己必须仿效的东西，正是那些唯有大师才能具备的永远是最困难最高贵的品质，而正是他们应该知道，这有多么艰难和危险，有多少天赋优秀的人可能毁在这上面！"

"我不想对您有任何隐瞒，我的老师，"这时那个同伴说，"如果只是为了能够完全献身于我们今天的教育和教学事业，我从您那里听的教诲未免太多，在您身边待的时间也未免太长。对于您经常指摘的那些平庸的错误和误解，我的感受是太鲜明了——可是我在自己身上找不到一种力量，可以使我在英勇的斗争中取得成果。我被一种普遍的懦弱所控制；孤独中结不出骄傲和自负的果实。我很愿意向您描述，我在当今如此活跃和迫切地提出的教育和教学问题上发现了怎样的标记。我认为，我必须区分**两种**主要倾向——两种支配着我们教育机构现状的潮流，它们表面上相反，但都具腐蚀作用，从它们的结果看终于合流：第一种是尽量**扩大**和**普及**教育的冲动，第二种是**缩小**和**削弱**教育本身内涵的冲动。基于各种理由，应该把教育送往最广泛的阶层——这是第一种倾向的主张。相反,第二种倾向则要求教育放弃其最崇高最高贵的使命,屈尊为其他某种生活形态服务,例如为国家服务。

"我相信,人们不难觉察,尽量扩大和普及教育的呼声在哪个方向上叫得最起劲。普及教育是最受欢迎的现代国民经济教条之一。尽量多的知识和教育——导致尽量多的生产和消费——导致尽量多的幸福:这差不多成了一个响亮的公式。在这里,利益——更确切地说,收入,尽量多赚钱——成了教育的目的和目标。按照这一倾向,教育似乎被定义成了一种眼力,一个人凭借它可以'出人头地',可以识别一切容易赚到钱的捷径,可以掌握人际交往和国民间交往的一切手段。按照这一倾向,教育的真正任务似乎是要造就尽可能'courante'(通用)的人,与人们在一个硬币上称作'courant'(通用)的东西属于相同性质。这种courante的人越多,一个民族似乎就越幸福,因此,现代教育机构的意图只能是按照每一个人天性能够变成'courant'的程度来对其加以促进,如此来培养每一个人,使他依据其知识量拥有尽可能大的幸福量和收入量。每一个人必须学会给自己精确估价,必须知道他可以向生活索取多少。按照这种观点,人们主张'智识与财产结盟',它完全被视为一个道德要求。在这里,任何一种教育,倘若会使人孤独,倘若其目标超越金钱和收益,倘若耗时太多,便是可恨的,人们通常拒斥这些不同的教育趋向,目为'不道德的教育伊壁鸠鲁主义''更高级的利己主义'。按照这里通行的道德观念,所要求的当然是相反的东西,即一种**速成**教育,以求能够快速成为一个挣钱的生物，以及一种所谓的深造教育，以求能够成为一个挣许多钱的生物。一个人所允许具有的文化仅限于赚钱的需要，而所要求于他的也只有这么多。简言之，人类具有对尘世幸福的必然要求——因此教育是必要的——但也仅仅因为此。"

"我想在这里插几句，"哲学家说，"在这个笼统的描述中有一个大危险，甚至是巨大的危险，就是大众随时会一下子跳过中间阶段，直奔尘世幸福而去。现在这被称作'社会问题'。在大众看来，照此情形，绝大多数人接受教育似乎只是极少数人获取尘世幸福的手段而已：'最大可能的普及教育'使教育大为贬值，以至于它不但不能给人以特权，甚至不能使人受到尊敬。最广泛的普及教育恰恰就是野蛮。不过，我不想打断你的探讨了。"

那位同伴继续说道："人们到处勇猛地追求教育的扩大和普及，除了那个如此受欢迎的国民经济教条之外，还有别的动机。在有些地方，人们普遍担忧宗教迫害，对于此种迫害的后果心有余悸，因此，所有社会阶层都怀着贪婪的渴望欢迎教育，从中所吸取的正是能够释放其宗教本能的因素。另一方面，无论何处，国家为了自身的生存，也竭力追求教育的扩展，因为它信心十足，知道无论怎样厉害地把教育放开，都仍能置于自己的控制之下；事实证明它达到了预期目的，最大规模的教育培养出了它的公务员和军队，在与其他国家的竞争中，这种教育归根到底始终是对它有利的。在这一场合，国家的基础必须十分广阔和坚固，才能使得复杂的教育穹顶保持平衡，就像在前一场合，过去某次宗教迫害的遗痕必须十分清晰,才能迫使人们寻求一种如此可疑的反抗手段。——所以,哪里只要响起大力普及国民教育的大众呼声,我就总能很好地辨别,激发起这个呼声的是对收入和财产的旺盛贪欲呢,是从前某次宗教迫害的烙印呢,还是一个国家对自身利益的精明的算计。

"与此相比较,我感到,来自另一个方向的另一种调子虽然好像不是这么响亮,但至少同样坚决,那就是**缩小教育**的调子。在整个学术界,常常可以听见人们悄悄地谈论这个话题;普遍的事实是,现在由于过分地使用学者为其学科服务,学者的**教育**变得越来越偶然,越来越不可能了。如今学术的范围已经扩展得如此之大,一个资质虽非超常但良好的人,倘若他想在学术上有所作为,就必须潜心于某一个专业领域,对其余领域只好不闻不问。如果他在他那个领域算得上是鹤立鸡群,在所有别的领域——这意味着在一切主要事情上——他却属于鸡群。所以,某一专业的一个精英学者很像工厂里这样一个工人,他终其一生无非是做一个特定的螺丝钉或手柄,隶属于一种特定的工具或一台机器,在这一点上他当然能练就令人难以置信的精湛技艺。在德国,人们知道给这个痛苦的事实也披上一件了不起的思想外衣,甚至把我们学者的这种狭窄的专业技能以及他们越来越远离正确的教育当作一个道德现象来赞叹,'精益求精''埋头苦干'成了漂亮的口号,专业范围外的没有文化被当作高贵知足的标记大肆炫耀。

"在过去若干世纪里,在人们的概念中,学者而且只有学者是受过教育的人,这是不言而喻的;从我们时代的经验出发，人们会感到无法接受这样简单地把二者等同。因为在今天，一个人为了学术的利益而被榨取，这是到处都没有异议地接受的前提，还有谁问自己，一种如此吸血鬼似的使用其造物的学术究竟能有什么价值？学术分工实际上在追求的目标，正是各地宗教自觉地追求的那同一个目标，即缩小教育，甚至是毁灭教育。然而，对于一些宗教来说，按照其起源和历史，一种要求是完全正当的，但用在学术身上就会在某个时候导致自我毁灭。我们今天已经到了这个地步，在天性认真的人关心的一切普遍性问题上，尤其在最高的哲学问题上，上面所说的这种学者已经完全不再有发言权；相反，如今寄居在各学科之间的那个起黏合和联结作用的阶层，即新闻界，却相信自己在这里赋有使命，并且以符合其本性的方式在执行这个使命，也就是说，如名称所显示的，作为一个按日付薪的临时工[1]。

"两种倾向在新闻界合流，教育的扩展和缩小在这里握手言欢；日报直接取代了教育，无论谁，包括学者，今天如果还有教育的要求，便习惯于依赖这个起黏合作用的中介阶层，它黏合一切生活形式、一切立场、一切艺术、一切学科之间的缝隙，它稳妥可靠，就像日记账簿一向都让人放心一样[2]。现代教育特有的意图在日报身上得到了最充分的体现，就

---

1 新闻界（Journalistik）一词来自法语，Jour 词义为值班日，故如此说。
2 Journal 兼有日报和日记账簿之意，故如此说。

像在同样的程度上,记者——为当下服务的仆役——取代了伟大的天才、一切时代的导师、把人们从当下解救出来的救星。现在,请您告诉我,我的杰出的大师,到处都在逆一切真正的教育努力而行,我该如何怀着希望与之斗争,我怎么有勇气作为一个势单力孤的教师出场,既然我清楚地知道,每一颗刚播下的真教育的种子马上就会被伪教育的碾子无情地压碎?您想一想,今天一个教师最用心的工作会是多么徒劳,譬如说他想把一个学生送回无限遥远但极其感人的希腊世界,回到教育的真正故乡,可是,在下一个钟点,这个学生就会抓起一张报纸、一本流行小说,或一册这样品质的书,其文体已盖上了今日教育野蛮的令人恶心的标记。"

"静一静!"这时哲学家用有力而同情的声调喊道,"现在我更理解你了,刚才我不该对你说那些难听的话。你完全正确,只是不可丧失勇气。现在我要对你说一些能够安慰你的话。"

第二讲 人文教育始于严格的语言训练

　　文科中学的语文教学是新闻支配教育的可靠例子，少年人的心灵被印上了新闻审美趣味的野蛮标记。真正的人文教育是从语言训练开始的，包括认真阅读经典作家和严格从事写作练习，其目标是养成正确的艺术感觉，从而对报刊语言产生生理上的恶心。母语经典作家是古典教育必不可少的入门向导。

　　我尊敬的听众！你们中的一些人，我有幸从此刻起也把你们当作我的听众来欢迎，你们对于我在三个星期前做的报告也许只是道听途说，但现在不可能做更充分的准备了，只好跟随我直接进入一场极其严肃的对话，当时我已开始转述那场对话，今天我要先回忆一下它的最后部分。在杰出的导师面前，哲学家的年轻同伴正不得不诚恳地请求原谅，因为他对一直从事的教师工作失去了勇气，想知难而退，从此无可慰藉地在自愿选择的孤独中度日。做出这样一个决定，其原因不可能是狂妄自大。

正直的年轻人说道:"如果是为了能够虔诚地献身于我们迄今为止的教育和教学事业,我从您那里听的教诲未免太多,在你身边待的时间也未免太长。对于您经常指责的那些平庸的错误和误解,我的感受是太鲜明了;可是我在自己身上找不到一种力量,可以使我在英勇的斗争中取得成果,能够捣毁这个伪教育的堡垒。我被一种普遍的懦弱所控制;孤独中结不出骄傲和自负的果实。"为了求得原谅,他描述了这种教育体制的一般特征,在此之后,哲学家只好用同情的语调对他说话,如此使他平静下来。"静一静,我的可怜的朋友,"他说,"现在我更理解你了,刚才我不该对你说那些严厉的话。你完全正确,只是不可丧失勇气。现在我要对你说一些能够安慰你的话。我们当代学校教育的弊端如此沉重地压在你身上,你相信这还能持续多久?我不想向你隐瞒我在这方面的信念:它的时代正在过去,它的日子已经屈指可数。敢于在这个领域里做到完全真诚的先行者会听到,将有成千颗勇敢的心对他的真诚发出反响。因为在天性高贵情感热忱的人中间,对于这个时代已经达成无声的共识,他们中每一个人都知道,他从学校的教育现状中受了什么损害,每一个人都希望,至少他的后来者能够摆脱同样的压制,哪怕他自己必须为此付出代价。可是,尽管如此,在任何地方都无人做到完全真诚,其可悲的原因在于我们时代学校教育的精神贫困,正是在这里,缺乏真正有创造力的禀赋,缺乏真正有实践能力的人,也就是那样的人,他们具有好的创意,他们懂得,正确的天赋和正确的实践必须在同一个人身上相遇;实际情形却是，那些平庸的实践者恰恰缺乏创意，所以也就缺乏正确的实践。一个人只要接触过今天的教材，怎么还可能使自己有信心；倘若他在这种学习中不对最严重的精神贫乏以及一种真正愚笨的原地踏步感到惊恐，他就堕落到家了。在这里，我们的哲学必须不是开始于惊奇，而是开始于惊恐；如果谁没有能力开始惊恐，就请他不要伸手去碰学校教育的事情。现在通常的情况正相反；感到了惊恐的人，就像你，我的容易受惊的可怜的朋友，都逃跑了，而那些不会感到惊恐的平庸之辈却使劲张开他们的大手，搁在一门艺术所能具有的最精微的技艺上，即教育的技艺上。不过，不可能再长久这样了；只要出现一个真诚的人，他有那种好的创意，并且敢于利用一切现有手段果断地将它们付诸实现，只要他通过一个伟大的实例来示范一种东西，那种东西是如今那些有势力的大手连模仿也做不到的——那么，人们至少到处都会开始进行区分，那么，人们至少会感觉到一种对立并思考这种对立的原因；可是现在，还有这么多好心肠的人相信，这些大手是在从事学校教育的手艺。"

"我尊敬的老师，"这时他的同伴说，"我希望您举一个具体的例子，帮助我也树立您这样满怀信心地告诉我的那个希望。我们两人都了解德国的文科中学；譬如说，谈到这个机构，难道您也相信，能够靠真诚和好的创意来消除这里陈旧顽固的习性？在我看来，这里并非有一座坚固的城墙来抵御对它的进攻，但一切原则都具有灾难性的坚韧和粘滑的特点。进攻者并没有一个明确稳定的敌人可以歼灭，毋宁说这个敌人是化了装的，能够变化为成百种形象，并借助其中某一个形象逃脱围剿，从而总是得以重新用阴险的妥协和隐忍的报复来迷惑进攻者。正是文科中学迫使我落荒而逃，洁身自好，因为我觉得，倘若在这里斗争能够获胜，其他教育机构也就一定都会屈服，而谁在这里不得不气馁，他在一切最严肃的教育事物上也就只好气馁。所以，我的导师，关于文科中学，请您向我赐教，我们可以希望它如何毁灭，又如何新生？"

哲学家说："和你一样，我也认为文科中学至关重要，所有其他机构都要用文科中学所追求的教育目标来衡量，也都受到**它的**方向错误的危害，而如果它能净化和更新，它们也同样都能借此净化和更新。这样一种作为运动着的中心的重要作用，是今天的大学不再敢于奢望的，就大学现在的构造来说，至少就其**一个**重要方面来说，可以把它仅仅看作文科中学趋向的扩建；过一会儿我要向你详谈这一点。现在我们先一起来看一下，是什么使我产生这个充满希望的信念：迄今为止人们习以为常的、如此五光十色又难以捕捉的文科中学精神，**或者**将烟消云散，**或者**必将彻底净化和更新。我不想用一般原理来吓唬你，我们全体对文科中学都有一些经验，我们全体都深受其苦，让我们来思考其中之一。用严格的眼光考察，现在文科中学里的**德语课**是怎样的？

"我首先要告诉你，它应该是怎样的。现在，每一个人说和写他的德语天生就如此恶劣粗俗，就像在一个报刊德语时代所能够有的样子，所以，必须用强制手段把成长中的具有高贵禀赋的少年置于良好趣味和严格语言训练的玻璃罩下；

既然这是不可能的，那么，在近期内，我宁可回过去说拉丁语，因为我耻于说一种被如此败坏和玷污了的语言。

"在这一点上，一个较高层次的教育机构的任务不能是别的，只能是十分严格和精确地正确引导这些语言变粗野的少年，向他们呼吁：'严肃对待你们的语言！谁在此感觉不到一种神圣的责任，他身上也就完全不存在较高层次教育的萌芽。在此能够显示你们对于艺术是否看重，你们与艺术有无亲缘关系，在此表明你们对于母语的态度。假如你们不能自然而然地做到对我们报刊的惯用词语感到生理上的恶心，就应该好好接受教育，因为就在这里，近在眼前，就在你们说话和书写的每个瞬间，你们就有一块试金石，证明现在受教育的人的任务有多么繁重，你们中许多人得到正确教育的可能性是多么小。"

按照这个讲话精神，文科中学的德语教师就有责任引导学生注意无数细节，从十分明确的良好趣味出发，禁止他们使用这样一些词语，例如"占有""赚取""盘算一件事情""掌握主动""无需考虑"——以及诸如此类 cum taedio in infinitum（令人无限厌恶）的词语。此外，这个教师还必须教学生阅读我们的经典作家，一行一行指给他们看，如果一个人心中有正确的艺术感觉，完全理解面前所写下的一切，就会如何谨慎严格地对待每一个词的用法。他将不断鞭策他的学生对同一思想寻求更好的表达，他要使那些天赋不算差的学生对语言感到敬畏，使那些天赋好的学生对语言产生高贵的热情，在这个目标达到之前，他的工作就不能结束。

那么，这就是所谓正规教育的任务，而且是最有价值的任务之一；可是，在文科中学里，在这个所谓正规教育场所，如今我们看到的是什么呢？谁倘若善于把他在这里看到的东西进行正确的归类，他就会知道，他从号称教育机构的今日文科中学那里可以得到什么了。他会发现，按照其本来的结构，文科中学的教学目标不是教育，而是学术，最近还发生了一个转折，其教学目标好像不再是学术，而是新闻了。这是由它的性质决定的，德语课作为一个可靠的例子证明了这一点。

教师本来应该提供真正的实践指导，使他的学生习惯于进行语言上的严格自我训练，可是，我们到处看到的却是用博学的、历史的方式处理母语的趋势，人们对待它犹如它是一种已经死去的语言，仿佛对这种语言的现在和未来可以不负任何责任。在我们时代，历史的方式已经流行到了这个地步，以至于语言的活的身体也成了对它的解剖学研究的牺牲品。然而，教育正是在这里开始，要使人们懂得把活的东西当作活的东西对待，教师的任务也正是在这里开始，要在首先必须行为正确而非只是认识正确的事情上，抑制住正在蔓延上涨的"历史兴趣"。我们的母语正是这样的领域，学生在其中必须学会行为正确，而只是为了这个实践的方面，我们教育机构中的德语课才是必要的。当然，对于教师来说，这种历史的方式似乎要方便轻松得多，同时似乎也更适合于他们的渺小资质，他们的完全胸无大志。不过，我们对此的洞察乃是基于整个教育界的现实状况，历史的方式虽然方便轻松，却披着华丽使命和风光头衔的外衣，而真正的实践工作、本来意义的教育行为虽然本质上更困难，却遭人妒恨和蔑视，因为真诚的人必定会疑虑重重，而使别人显得胸有成竹。

除了这种对语言研究的学术兴趣之外，德语教师惯常还提供什么？他是怎样把他的教育机构的精神与德国民族拥有的**少数**真正有教养人士的精神，与它的经典诗人和艺术家的精神联结起来的？这是一个令人忧虑的黑暗领域，要揭露这个领域的真相，我们不能不感到惊恐，但是我们不想有所隐瞒，因为有朝一日这里的一切都必须更新。在文科中学里，少年人尚未成型的心灵上被印上了我们新闻审美趣味的野蛮标记，人们用粗枝大叶、不求甚解的态度对待我们的经典作家，教师亲手播下这样的种子，从此这种趣味上的野蛮就冒充为美学批评，到处抢着发言。在这里，学生们学会带着幼稚的优越感谈论我们独一无二的**席勒**，习惯于讥笑他的最高贵、最具德国性质的构思，例如波萨（Posa）侯爵、马克斯（Max）和泰克拉（Thekla）——对于这种讥笑，德国的天才会感到愤怒，优秀的子孙将为之脸红。

文科中学德语教师的最后一个日常工作领域是所谓**德语作业**，这常常被看作他的工作的顶峰，在一些地方还被看作文科中学教育的顶峰。差不多总是那些最有天赋的学生兴致盎然地嬉戏在这个领域里，正因为如此，我们应该认识到，在这方面布置的任务会多么危险而诱人。德语作业是向个人发出的号召，一个学生越是强烈地意识到自己与众不同的特性，就会越个性化地完成他的德语作业。在多数文科中学里，还通过所挑选的题目来要求这种"个性化的完成";在我看来,这方面的一个有力证据是,在低年级就已经布置本身违背教育规律的题目了,用这种题目推动学生描述他自己的生活、他自己的发展。只要浏览一下许多文科中学这种题目的目录就会相信,绝大多数学生鉴于其生活经历可能很难对付这种过早要求的个性化作业、这种不成熟的思想性创作,而我们多么经常地看到,一个人后来全部的文学作品就像是这种反精神的教育原罪的可悲后果!

我们不妨设身处地想一想,在这样的年龄写这样的作文是怎么回事。这是自己最早的产品;尚未发展的力量第一次凝聚为一个结晶;因为被要求独立创作,整个感觉是轻飘飘的,给创作蒙上了一种不可重复的最迷人的魅力。天性中所有的放肆从其深处发出呐喊,所有的虚荣不再受到有力的约束,第一次得以采用文学的形式;年轻人从这时起自以为已经成熟,已经是一个擅长言说和发表见解的人,甚至觉得自己被邀请这样做。这些题目责成他对诗人的作品表明他的立场,用简明的形式概述历史人物,独立阐述最严肃的伦理问题,乃至反省他自己的变化过程,提交有关自己的批评性报告,总之,整个最深刻任务的世界展现在迄今几乎是懵懂无知的目瞪口呆的年轻人面前,要他做出决定。

现在让我们设想一下,面对人生早期这种影响重大的原创性工作,教师通常会如何做。在他看来做这些作业时什么东西该受责备?他提醒他的学生当心什么?当心形式和思想的一切过度之处,亦即一般来说是那个年龄特有的和个人化的东西。在这种为时过早的激励下，真正独立的东西原本只能表现得笨拙、尖锐，呈现可笑的面貌，因此，正是个性受到了指责，被教师出于非原创的平均合宜的考虑予以拒绝。相反，他很不情愿地把赞扬施舍给了千篇一律的中等货色，虽然他在读这种东西时常常有充分理由感到无聊。

在文科中学德语作业这一整出喜剧中，也许还有人不但看到了当今文科中学极其荒谬的地方，而且看到了它极其危险的地方。在这里，原创性是所要求的，可是那个年龄唯一可能的原创性却又遭到拒绝，强求学生具备今天只有极少数人在成熟年龄才能获得的形式感方面的教养；在这里，每个人一下子就被看作**允许**对最严肃的事与人持有己见的文献专家，可是一种正确的教育恰恰是要全力克服可笑的独立判断之要求，使年轻人习惯于严格服从天才的王权。在这里，一种大框架的描述形式被当作前提，可是在这个年龄每一句说出和写下的话都是野蛮。让我们再考虑一下这个年龄很容易刺激起来的自满的危险，考虑一下少年人现在第一次看见自己的镜中文学形象时的虚荣感——谁若**一眼**看清所有这些效果，他就会担心，我们文学艺术界的全部弊端都将不断重新烙刻在成长中的一代人身上，包括匆忙和虚荣的制作，可耻的赌徒行径，完全没有风格，没有酝酿，表达时毫无特点或可悲地装腔作势，丧失任何美学规范，疯狂的无序和混乱，总之，我们新闻界连同我们学术界的文学特征。

现在，极少数人已经从上述情况中看出，成千上万人之中也许难得有一人能以写作闻名，**所有**其余冒险一试的人，他们印成铅字的每一个句子，在真正有判断力的人中间只能赢得一阵荷马式的哄堂大笑——因为对于众神来说，看见一个文学的赫淮斯托斯[1]跛行，甚至还想呈献给我们一点什么，确实是一幕好戏。在这个领域中培育最认真、最一丝不苟的习惯和眼光，是正规教育的最高任务之一，而全面放任所谓的"自由个性"则无非是野蛮的标志。但是，从迄今所报告的情况来看，有一点已经十分清楚，即至少德语课所考虑的不是教育，而是别的东西，也就是上面说的"自由个性"。德国文科中学如此长久地照料德语作业，为令人恶心的不负责任的滥写做了准备，如此长久地不把读写的直接实践训练当作神圣的义务，如此长久地对待母语如同它是一种不可避免的不幸或一个已经死去的躯体，因此，我不承认这样的机构是真正的教育机构。

在语言问题上，我们几乎看不见**古典典范**发生了什么影响；在我看来，从这样一种考虑出发，我们文科中学应该开始进行的所谓"古典教育"是一种十分可疑和歪曲的东西。在观察古典典范时，怎么可能看不到，希腊人和罗马人从少年时代起就极其认真地对待他们的语言；而在制订我们文科中学的教育计划时，只要眼前还浮现着古希腊罗马世界作为最有教益的榜样，又怎么可能在这一点上错误地认识他们的典范，对此至少我是很怀疑的。看来之所以把"古典教育"

---

[1] 赫淮斯托斯（Hephaest），希腊神话中的火神，天生瘸腿，面貌丑陋，在荷马史诗中常遭众神哄笑。

列为文科中学的任务,毋宁说是为了准备一个搪塞的借口,一旦文科中学的教育能力遭到无论来自何方的批评,就可以拿出来使用。古典教育!听起来多么理直气壮!它使进攻者感到惭愧,它使进攻延缓——因为谁能立刻看穿这蛊惑人心的套话!这是文科中学长期惯用的手法:哪里响起斗争的呼声,就朝那个方向举起一块盾牌,上面没有奖章的装饰,而是写着一句蛊惑人心的口号——"古典教育""形式教育"或"学术预备教育"。三件了不起的家伙,只可惜每一件自身以及三者互相之间都是矛盾的,硬要把它们往一起凑,只会产生出教育上的非驴非马[1]。因为一种真正的"古典教育"是如此闻所未闻的困难和稀少,要求如此复杂的天赋,以至于只有太天真或者太无耻,才会承诺它是文科中学能够达到的目标。"形式教育"是一个粗略的惯用词,在哲学上经不起推敲,必须尽量摆脱它,因为并不存在"质料教育"。而倘若谁把"学术预备教育"树为文科教育的目标,他就背弃了"古典教育"和所谓形式教育,一般来说也背弃了文科中学的整个教育目标,因为学者和有教养人士属于两个不同的范畴,二者有时会在同一个人身上相遇,但绝不会彼此重合。

倘若我们把文科中学的这三个所谓目标与我们在德语课观察到的现实做一比较,我们就会知道,在日常使用中这些目标都是什么东西,它们是为打仗想出来的搪塞的借口,事

---

[1] 原文为 Tragelaph,汉译为林羚,是一种水栖的羚羊,这里采用意译。

实上常常也足能起到麻痹对手的作用。在德语课上，我们根本学不到任何能让我们想起古典典范、想起古代伟大语言教育的东西：通过上述德语课所进行的形式教育业已证明是对"个性自由"的绝对偏爱，亦即野蛮和无政府；而如果把学术预备教育看作德语课的成果，则我们的日耳曼学者评价一定不高，对于他们学科的繁荣，正是文科中学里那些貌似博学的初步课程贡献得何其少，个别大学生的个性贡献得何其多。——总之，迄今为止，文科中学耽误了真正的教育由之开始的最重要、最直接的对象，即母语，因此，一切后续教育工作也就缺少自然的、丰产的土壤。因为唯有在一种严格的、艺术上讲究的语言训练和语言习惯的基础上，对我们经典作家的伟大之处的正确感觉才能得到强化，而来自文科中学方面的对这种伟大之处的赞赏，迄今只是基于个别教师把一切审美化的可疑的业余爱好，或某些悲剧和小说作品的纯粹题材的效果。可是，一个人必须从自己的经验中懂得语言的艰难，必须在长期摸索和搏斗之后终于踏上了我们的伟大诗人曾经走过的那条路，才能体会到他们在这条路上走得多么轻盈优美，而其余人在他们后面跟随得多么笨拙别扭。

唯有经过这样的训练，年轻人才能做到在面对我们的报刊工厂、报刊工人、小说写手如此受欢迎和颂扬的"时髦"风格时，在面对我们的文学匠的"漂亮文体"时，感到那种生理上的恶心，并且一劳永逸地超越所有那类十分可笑的问题和疑虑，比如奥尔巴赫[1]或古茨科[2]是不是真正的诗人，人们只需凭借恶心不再读他们，用这种方式就解决了问题。想必没有人相信，训练自己的感觉而至于能产生这种生理上的恶心是容易的事情；但是，想必也没有人希望，要由别的道路获得审美判断力，而非由语言的荆棘小道，并且不是语言研究，而是语言自我训练的荆棘小道。

在这里，对于每个认真从事的人来说，情况就像必须学步的小孩或士兵一样，因为他以前在走路方面只是一个业余爱好者和经验主义者。这是异常艰难的一段时间，人紧张得生怕弦会绷断，对于那些刻意学来的步法和站法，每次都无望轻松自如地完成；他惊恐地看到自己一脚脚迈得多么笨拙生疏，害怕自己学错了每一步，永远学不会正确地走路了。然而，有一天他突然发现，人为地练会的那些动作已经变成新的习惯和第二天性，从前步伐的稳健和有力得到了加强，并且作为训练的结果，增添了若干优美，现在又回来了。现在，他也懂得走路的艰难了，可以取笑那些步法粗糙的经验主义者，或者那些迈着时髦步子的业余爱好者了。我们那些号称"时髦"的作家，如同他们的风格业已证明的，从未学过走路；而在我们的文科中学里，如同我们的作家业已证明的，人们从不学习走路。可是，教育正是从语言的正确步法

---

[1] 奥尔巴赫（Berthold Auerbach, 1812—1882），德国小说家，以描写农村生活闻名，有浪漫主义倾向，在世时备受欢迎。

[2] 古茨科（Karl Gutzkow, 1811—1878），德国小说家、剧作家，德国现代社会小说的先驱者之一。

开始的，而教育一旦是正确地开始的，此后它也就使人在面对那些"时髦"作家时产生一种生理上的感觉，我们把这种感觉叫作"恶心"。

我们在这里看到了我们今日文科中学十分危险的后果：正确的、严格的教育首先是服从和习惯，由于没有实施这样的教育，相反，在最好的情况下，只是把刺激和成全学术冲动作为唯一的目标，结果，随处可见博学与趣味的野蛮、学术与新闻宣告结盟。在歌德、席勒、莱辛、文克尔曼的努力下，德国人曾经达到很高的教育水平，今天我们到处可以察觉，我们的学者们已经从这个高度上大大下跌；这种下跌恰恰表现那些伟人在我们中间遭到了粗暴的误解，不但在文学史学家那里，不管他们名叫格维努斯（Gervinus）还是尤利安·施密特（Julian Schmidt），而且在一切社交场合，甚至几乎在男人们和女人们的每一次交谈之中。然而，正是在文科中学的文学课程上，这种下跌表现得最严重也最令人痛苦。能够证明的是，对于一个真正的教育机构来说，那些伟人具有独一无二的价值。可是，半个多世纪以来，这种价值未尝被提到过，更不用说被承认了。这就是他们作为古典教育的入门向导和秘教信使的价值，只有在他们手上才能找到通往古代的正确道路。一切所谓的古典教育都只有一个健康自然的起点，即在使用母语时艺术上认真严格的习惯；为了养成这种习惯和掌握形式的秘密，只有很少人能够凭借自己的天性和力量走上正确的道路，所有其他人都需要那些伟大的向导和导师，必须信赖他们的监护。然而，根本不存在一种古典教育，能够不开启对形式的感觉就得到生长。只有在辨别形式和野蛮的感觉逐渐苏醒的地方，载往真正唯一的教育故乡即古希腊时代的翅膀才开始抖动。当然，希腊城堡离我们无比遥远，有金刚石的城墙围绕，如果我们尝试要接近它，单靠这一对翅膀是飞不远的，这时我们又需要同一批向导、同一批导师，我们德国的经典作家，他们的古典努力如同有力的振翅，在其带动下，我们得以一同飞往所渴望的国度古希腊。

关于我们经典作家与古典教育之间这种唯一可能的关系，当然几乎没有一点声音透进文科中学的古老围墙。毋宁说，古典语文学教师们倒是勤勉地做了努力，要亲手把他们的荷马和索福克勒斯带给年轻的心灵，并且不假思索地给其结果冠以一个未遭反对的美名曰"古典教育"。每个人不妨扪心自问，从这些勤勉的教师手上，他对荷马和索福克勒斯究竟懂得了什么。在这个领域里，有着最经常最严重的错觉和不经意传播的误解。我在德国文科中学里未尝发现过一丝一毫可以真正称作"古典教育"的东西，而且这毫不奇怪，倘若我们想到这一点：文科中学完全放弃了德国古典作家和德语语言训练。没有人能够一步登天进入古代，可是，中学里对待古代作家的整个方式，我们古典语文学教师们所做的大量训诂，就是这样的一步登天。

唯有经过最严格的教育努力，并具有艺术的天赋，才能对古希腊文化产生感觉；这个结果多么难以达到，因此，文科中学只好通过粗暴的误解来提出唤醒这种感觉的任务。在怎样的年龄？在这样一个年龄，一个人还盲目地受着眼前五光十色生活倾向的迷惑，内心中还不可能预感到，对古希腊文化的感觉一旦被唤醒，它就立刻变得具有进攻性，必定会在与所谓现代文化的持续斗争中表达自己。对于今天文科中学的学生来说，希腊人作为希腊人已经死去了：不错，他读荷马时也有他的乐趣，但是，斯皮尔哈根[1]的一部小说对他的吸引力要大得多；不错，他也相当惬意地吞下了希腊悲剧和喜剧，但是，与一部像星期五的新闻记者们一样时髦的戏剧使他感到的激动相比不可同日而语。不错，谈到任何古代作家，他往往说出雷同的话，就像那位艺术美学家赫尔曼·格林（Hermann Grimm），有一回在一篇关于米洛的维纳斯的晦涩论文中，最后他自问道："这一个女神的形象对我意味着什么？她在我心中唤起的思想对我有什么用处？俄瑞斯忒斯（Orestes）和俄狄浦斯（Oedipus），伊菲革涅亚（Iphgenia）和安提戈涅（Antigone），他们与我的心灵有什么共同之处？"——不，我的文科中学学生们，米洛的维纳斯与你们毫无关系，不过，你们的老师同样与你们毫无关系——这是今天文科中学的幸运和秘密。倘若你们的向导是盲人却仍以明目人自荐，谁能引你们到达教育的故乡呢！倘若本来应该教你们说话，却纵容你们自己结结巴巴，本来应该领你们在艺术品面前入神静思，却纵容你们自己作审美想象，本来应该迫

---

[1] 斯皮尔哈根（F. Spielhagen, 1829—1911），德国作家，其作品被视为德国社会小说的代表作。

使你们**倾听**伟大的思想家，却纵容你们自己作哲学思考，你们中谁能对艺术的神圣严肃产生真正的感觉呢！所有这些方法只能使你们永远远离古代，成为眼前生活的奴仆。

今日文科中学体制所包含的最有益因素无疑是一种认真态度，人们以这种认真态度花好几年时间从事拉丁语和希腊语的学习。在此过程中，人们学习敬畏一种规范地固定下来的语言，敬畏语法和范文，还懂得了什么是缺点，不会时时被那个无理要求打扰，即对于语法上及字法上的怪念头和坏习惯——正如在现代的德语风格中——都想要辩护一番。但愿对语言的这种敬畏不是如此没有着落，像是一个理论负担，人们在其母语领域里立刻又把它推卸掉！事实上，拉丁语或希腊语教师都不把母语当回事，一向把它当作这样一个领域，在这个领域里，人们得以摆脱拉丁语和希腊语的严格训练放松一下自己，在这个领域里，德国人对待一切本土事物惯有的那种无所用心态度又成天经地义。把一种语言翻译成另一种语言是一种很好的练习，对于母语来说，也能够最有益地丰富其艺术的含义，但是，人们从未以应有的绝对认真严肃态度做翻译成德语的练习，而本来对于一种不规范的语言来说是尤其必须这样做的。最近，这种练习越来越难见了，人们满足于了解这些古外语，而不屑于精通它们。

在这一点上，文科中学再次暴露了其观念中的博学倾向。这个现象澄清了一个事实：在早先的时代，人文教育曾经被严肃地当作文科中学的目标。那是我们的伟大诗人的时代，亦即那少数真正有教养的德国人的时代，当时，由伟大的弗里德里希·奥古斯特·**沃尔夫**[1]肇始,源自希腊罗马,经那些伟人传承的新的鲜活的古典精神被引入文科中学了;作为勇敢的开端,他成功地树立了文科中学的一种新形象,从此以后,文科中学不再仅仅是学术的培育场所,而首先应该是一切更高级、更高贵教育的真正的洗礼场所。

在看似表面但又必要的规则中,有一些很本质的东西及其持久的后果被移置到了文科中学的塑造中。然而,恰恰最重要的事情却没有做成,即用这种新精神为教师自身洗礼,致使在此过程中文科中学的目标又严重地偏离了沃尔夫所追求的那种人文教育。相反,已被沃尔夫克服的从前那种对学术和学者教育的至高估价,不费多大力气就逐渐取代了新挤进来的教育原则,如今又在主张其独一无二的权利,虽则不是以过去那种公开的面目,而是乔装打扮,改头换面。赋予文科中学以古典教育的伟大特征,看来人们无意达到这个目标,表现在我们的教育努力的非德国的、近乎异国的或世界主义的性质;表现在相信似乎能从脚下移走故土,并且而后仍能稳固站立;表现在妄想仿佛可以通过抹杀德国精神,一般而言抹杀民族精神,无须桥梁,一跃而进入遥远的希腊世界。

当然,这个德国精神已经隐藏起来,藏在时髦的装束之下,或藏在废墟之下,我们必须善于把它找出来,我们必须

---

[1] 弗里德里希·奥古斯特·沃尔夫(Friedrich August Wolf, 1759—1824),德国古典学者,被公认为现代古典语文学的奠基人。

爱它到不因为它容貌枯槁而感到羞愧的地步，我们尤其要当心不可把它与今天以骄傲姿态自命为"现代德国文化"的那种东西混淆起来。毋宁说，那种东西在本质上是与德国精神相敌对的，而正是在"当代"惯于责备其缺少文化的那些领域里，常常保存着真正的德国精神，虽则是在粗糙的外表下，并无咄咄逼人的形式。相反，今天极其狂妄地自命为"德国文化"的东西乃是一个世界主义的大杂烩，它与德国精神的关系，就相当于新闻记者之于席勒，梅耶贝尔[1]之于贝多芬，在其中发生最强大影响的是骨子里完全非日耳曼性质的法兰西文明，它被人们用毫无才气及僵硬趣味的方式模仿，在这样的模仿中，赋予了德国社会和报刊、艺术和文风一种伪善的形式。这种仿制品当然在任何地方都不可能达到艺术上自成一体的效果，而在法国，那个原本的、从罗马语族本性中生长出来的文明几乎至今仍在产生这样的效果。为了体会这种相反的情形，我们不妨把我们德国著名的小说家与法国或意大利所有哪怕名气较小的小说家做一对比：二者的倾向和目标都同样成问题，方法也都同样成问题；但是，在他们那里，与之相联的是艺术上的严肃性，至少是语言上的准确性，经常还是美的，处处有一种协调的社会文化在回响；在我们这里，一切都是非原创的、不合身的，思想和表达穿着制服，

---

1 梅耶贝尔（Giacomo Meyerbeer，1791—1864），德国歌剧作曲家，定居意大利，写出《十字军勇士》等罗西尼式歌剧，后期作品在法国获巨大成功。

令人不快地矫揉造作，缺乏任何一种真实社会形态的背景；深奥的文体和学识使人不能不想到，在罗马语系国家，学者原是有艺术教养的人，而在德国，学者已堕落成了新闻记者。依靠这种本质上非原创的所谓德国文化，德国人永远无望获胜，获胜的是法国人、意大利人，倘若论及灵活模仿一种外来文化，尤其是俄国人，他们令德国人感到羞愧。

我们应该更加坚定地坚持**真正的**德国精神，在德国宗教改革中和德国音乐中，它已经现身，通过德国哲学的伟大的勇气和严格性，以及最近经受了考验的德国士兵的忠诚，它证明了自身不慕一切虚荣的持久的力量，我们借之可以期望战胜时髦的"当代"伪文化。让那些不辱教育使命的真正的学校加入这场斗争，特别是鼓动正在文科中学里成长的新一代人拥护真正德国的事物，这是我们期待学校将会采取的行动，在此行动中，所谓古典教育也将终于获得其天然的土壤和唯一的起点。文科中学的真正的革新和净化只能产生于德国精神的一次深刻而有力的革新和净化。要在最内在的德国特性与希腊天才之间缔结联盟，这是一个十分神秘和困难的任务。然而，倘若德国精神最高贵的需要尚未抓住希腊天才的手，一如抓住野蛮激流中的砥柱，倘若从这个德国精神中尚未产生对希腊的强烈渴望，倘若经由千辛万苦赢得的对于歌德和席勒借以复原其精神的希腊故乡的眺望尚未变成最优秀、最有天赋的人们的朝圣之行，那么，文科中学古典教育的目标将始终是空中楼阁。在此情形下，那些教师至少不该遭到责备，他们试图在文科中学里强调一种相当狭窄的科学性和学术性，以求看得见一个实际的、牢靠的、毕竟也还是理想的目标，拯救他们的学生免受五光十色的幻象的诱惑，这些幻象在今天被称作"文化"和"教育"。这就是今日文科中学的可悲现状：最狭窄的立场在相当程度上是合理的，因为没有人能够到达或者哪怕指出一个地方，所有这类立场在那里会变得不合理。

"没有人？"弟子用含有同情的声调问哲学家，接着两人陷入了沉默。

第三讲 教育的使命是使天才得到养育和支持

由于扩大教育，教师和学生数量过多而品质太差，使得真正够格的教师被边缘化。天才具有形而上的来源，教育的使命是通过培养天赋优良的少数人，使降生在本民族中的天才得到养育和支持。面对新闻支配教育的现状，逃往学术有了可悲的合理性。缩小教育的倾向之二：教育的政治化，沦为国家利益的工具。

尊敬的听众！我曾聆听一场谈话，现在试图凭借生动的记忆向你们描绘其要点，上次我讲演结束时，正说到这场谈话暂时中断，出现气氛严肃的长久冷场。哲学家和他的同伴陷入了沮丧的沉默之中，刚才谈论的文科中学这个最重要教育机构的异常困境如同一个负担压在他们心头，要解除这个负担，少数心智端正的人未免势单力孤，多数人的心智又不够端正。

格外使我们的思想家感到沮丧的是这样两种情况：一方面，可以清楚地看到，那种有权称作"古典教育"的东西，现在还只是一种飘浮在空中的教育理念，完全不可能从我们教学机构的土地上生长出来；另一方面，现在通常笼统地美其名曰"古典教育"的东西，只具有一种自命不凡的幻想的价值，其最好的作用不过是让"古典教育"这个词得以继续活着，不失去它的铿锵之声。因此，在德语课上，正直的人们彼此之间已经心照不宣，一种屹立在古代基石上的高级教育的正确出发点至今仍未找到。语言教学的野蛮化，博学的历史学倾向取代实践的训练和习惯，文科中学里强求的特定练习与我们新闻出版的可疑精神的结合——由所有这些在德语课上观察到的现象可以得出一个可悲的结论：源自古代的最神圣力量在我们的文科中学里还未尝被人们预感到，这种力量原是准备来与现代野蛮做斗争的，它也许将再次把文科中学变成这一斗争的武器库和兵工厂。

与此同时，我们似乎看到相反的情况，古典精神仿佛已经被相当彻底地赶出了文科中学，这里仿佛也要为被甜言蜜语惯坏了的我们今天自命的"德国文化"敞开大门。如果说我们孤独的交谈者还可以抱有希望的话，这希望就是，情况必定会变得更糟，少数人迄今所领悟到的东西很快就会对多数人也变得紧迫而一目了然，因此，对于严肃的国民教育领域来说，正直坚定者的时代也不再是遥远的了。

我们应该更加坚定地坚持**真正**的德国精神——哲学家说道——在德国宗教改革中和德国音乐中，它已经现身，通过德国哲学伟大的勇气和严格性，以及最近经受了考验的德国士兵的忠诚，它证明了自身不慕一切虚荣的持久力量，我们借之可以期望战胜时髦的"当代"伪文化。让那些不辱教育使命的真正的学校加入这场斗争，特别是鼓动正在文科中学里成长的新一代人拥护真正德国的事物，这是我们期待学校将会采取的行动，在此行动中，所谓古典教育也将终于获得其天然的土壤和唯一的起点。文科中学真正的革新和净化只能产生于德国精神的一次深刻而有力的革新和净化。要在最内在的德国特性与希腊天才之间缔结联盟，这是一个十分神秘和困难的任务。然而，倘若德国精神最高贵的需要尚未抓住希腊天才的手，一如抓住野蛮激流中的砥柱，倘若从这个德国精神中尚未产生对希腊的强烈渴望，倘若经由千辛万苦赢得的对于歌德和席勒借以复苏其精神的希腊故乡的眺望尚未变成最优秀、最有天赋的人们的朝圣之行，那么，文科中学古典教育的目标将始终是空中楼阁。在此情形下，那些教师至少不该遭到责备，他们试图在文科中学里强调一种相当狭窄的科学性和学术性，以求看得见一个实际的、牢靠的、毕竟也还是理想的目标，拯救他们的学生免受五光十色的幻象的诱惑，这些幻象在今天被称作"文化"和"教育"。[1]

在沉思了片刻之后，弟子转向导师，对他说："您想鼓起我的希望，我的老师；不过，您已经增进了我的眼力，因此也增进了我的力量、我的勇气：现在我的确更勇敢地注目战场，我的确已经不同意自己太快就逃跑。我们诚然一无所求；我们也不操心会有多少人在这场斗争中牺牲，我们自己是否

---

[1] 第三讲开头的这些文字与第二讲多有重复，仍按原文翻译。

会第一批倒下。正因为我们太在乎这场斗争，我们才会不在乎自己可怜的个体；目前，我们在哪里倒下，那里就一定会有别的人举起旗帜，旗帜上有我们所信仰的光荣标志。我甚至不想考虑，我是否有足够的力量投入这场斗争，我能否长久地抵抗；即使在这些敌人的挖苦嘲笑中倒下，于我仍会是一种十分光荣的死，因为在我们眼中，他们的严肃也常常是可笑的东西。只要我想到，我的同龄人都在准备从事与我相同的职业，大学教师职业，我就明白，我们曾经多么经常地认真嘲笑十分不同、截然相反的东西。"

好吧，我的朋友——哲学家微笑着打断他——你就像那样一个人在说话，他不会游泳就要往水里跳，用淹死来证明他**不怕淹死**，也**不怕被人耻笑**。可是，被人耻笑正应该是我们最后一件担忧的事，因为我们身处这样一个领域，在这里有许多真理有待于说出，许多可怕的、尴尬的、不可原谅的真理，在这里不缺乏针对我们的最理直气壮的仇恨，发一发怒就可能遭到令人狼狈的嘲笑。你只要想一想望不到边的教师群体，他们心悦诚服地接受了迄今为止的教育体制，如此才能够充满信心、毫无疑虑地承担其职责。——如果他们听到 beneficio naturae（因为自然的仁慈）而把他们排除在外的计划，对于他们的平庸资质来说高不可及的要求，在他们心中始终没有引起过回响的希望，他们未尝听懂其召唤、在其中他们只被看作迟钝、抗拒、沉重如铅的乌合之众的斗争，他们就一定会像你所认为的那样表现。然而，毫不夸大，这的确将是中等教育机构绝大多数教师的必然立场，谁若考虑到，如今一个这样的教师多半是怎样产生的，他是怎样**变成**这样一个中学教师的，就绝不会对这种立场感到奇怪了。现在几乎到处都有数量过多的中等教育机构，因而不断需要大量的教师，远远超出一个民族哪怕一个素质优秀的民族按其本性能够产生的程度；于是，有太多不够资格的人进入了这些机构，靠了他们占优势的人数，凭借 similis simili gaudet（物以类聚）的本能，他们逐渐决定了这些机构的精神实质。这些人永远无望懂得教育的事情，他们误以为，通过建立某种规章制度，不必削减数量，我们文科中学及其教师的表面的、数量上的繁荣就能够转变成真正的繁荣，转变成 ubertas ingenii（天性的丰饶）。相反，我们则想必对此达成了共识：就本性而言，只有极少数人是被派遣来从事真正的教育过程的；为了使教育过程成功展开，数量小得多的中等教育机构就够用了；可是，在目前大量设置的教育机构中，恰恰是这极少数人必定感到自己最得不到支持，而正是为了他们，这类机构的建立才归根到底是有意义的。

教师的情形同样如此。最优秀的人，一般来说用较高标准衡量无愧于教师这个光荣称号的人，在文科中学的目前状态下，现在也许是最不适合于教育这些未经挑选、胡乱集合起来的青年的，相反，在一定程度上，他们所能提供的最好的东西倒是应该向这些青年保密；而绝大多数教师面对这些机构都如鱼得水，因为他们的禀赋与他们学生的胸无大志、精神贫乏处于某种协调的关系之中。正是这绝大多数教师在发出呼声，要求不断扩建文科中学和普通中学。在我们生活的时代，这些持续不断和震耳欲聋的呼声毕竟唤起了一种印象，仿佛这个时代有一种巨大的教育需求渴望得到满足。然而，正是在这种情况下，人们必须学会正确地听，不为教育词语的喧嚣效果所动，看清那些不倦地谈论当代教育需求的人的面貌。因为人们将会经历一种可惊的失望，我的好朋友，如同我们经常经历到的那样：一旦就近认真观察，那些大声宣告教育需求的人便立刻变脸，成了真正的教育亦即坚持高贵精神本性的教育的起劲的，甚至狂热的反对者了。他们打心眼里主张把多数人从伟大个人的统治下解放出来，并以此为他们的目的，他们打心眼里渴望推翻智性领域里的神圣秩序，多数人在天才的君权之下的仆役地位、服从态度和忠诚本能。

长期以来，对于一切起劲地鼓吹通常所理解的所谓"国民教育"的人，我已习惯于小心审视他们，因为他们多半自觉或不自觉地想在普遍的野蛮狂欢之中得到放任的自由，这种自由是神圣的自然秩序决不会准许他们的；他们生来就是要服役和服从的，他们的思想每时每刻都处在爬行、跛足、翅膀瘫痪的状态中，这就证明了大自然是用怎样的黏土塑造他们的，给这黏土烙上了怎样的工厂印记。所以，我们的目标不可能是多数人的教育，而只能是少数特选的、为伟大持久的作品而准备的人的教育。我们终于懂得，公正的后代在评价一国之民的整个教育状况时，将完完全全根据一个时代的那些特立独行的伟大英雄，根据他们被认知、支持、尊敬或者被埋没、虐待、毁灭的方式，唯有他们的声音将流传下去。人们总是非常表面、生硬地对付所谓国民教育，采取一种直接的方式，大致依靠各种强迫性的初级课程。多数民众是在一些切己的、比较低级的领域与教育发生接触的，那是民众怀有自己的宗教本能的领域，是他们继续虚构自己的神秘图像的领域，是他们捍卫对自己的风俗、权利、故土、语言的忠诚的领域，所有这些领域都难以用直接的方式，至少不能依靠摧毁性的暴力达到，在这些最严肃的事情上真正推进国民教育，恰恰意味着要拒绝使用这种摧毁性的暴力，而应维持民众的那种具有治疗功能的无所用心，那种有益健康的自我催眠，文化有把人耗尽的紧张和兴奋的作用，如果没有这种相反作用，没有这种治疗手段，文化就不可能存在。

然而，我们清楚那些人居心何在，他们试图破坏民众的这种具有治疗功能的健康睡眠，不断地向民众呼吁："醒来吧，觉悟吧，聪慧吧！"我们清楚那些力量指向何方，通过所有教育机构的非同寻常的努力，通过由此产生的自觉的教师立场，它们推出一种强大的教育需求，要求得到满足。正是这些人，也正是通过这些手段，他们与智性领域的自然秩序展开了斗争，摧残着从民众的无所用心中生长出来的最高贵的教育力量的根基，这种力量赋有其母性的使命，即生育天才，然后给天才以正确的教育和爱护。只有借助母亲这个比喻，我们才能理解，一个民族真正的教育在天才问题上的含义和责任是什么：天才的真正来源并不在教育之中，他仿佛只具有一种形而上的来源，一个形而上的故乡。可是，他来到了现象之中，他从一个民族中间浮出了水面，他仿佛把这个民族全部固有力量如同色彩变幻的倒影布满在水面上，他用个体作譬的方式，在一个永恒作品中，使一个民族的最高使命得以被认知，并以此也把他的民族与永恒相联结，使之摆脱了瞬间的无常领域——唯有天才能够做到这一切，倘若他在一个民族的教育之母怀中得以成熟和养育的话——相反，如果没有这个庇护和温暖他的故乡，他将不能展翅作他永恒的飞翔，而会被悲惨地困在时间之中，像一个流落在冬日荒原的异乡人，从贫瘠的土地上蹒跚离去。

我的老师——弟子这时说道——您的天才形而上学的高论令我惊奇，我只能模糊地领悟这个譬喻的道理。反之，对于您所说的文科中学的过剩，以及由此促成的中学教师的过剩，我倒完全明白；正是在这个领域里，我积累了许多经验，它们向我证实，文科中学的教育趋势恰好**必然**会导致庞大的教师数量，究其根源，这与教育全然没有关系，而只是因为走在这条路上，就势必有此要求。任何人只要有过灵光一闪的顿悟时刻，曾经相信古代希腊世界的独特和难以企及，在自己心中苦苦为这个信念辩护，他就知道，通往如此顿悟的入口绝不会向许多人敞开。在他看来，那些人的做法多么荒唐无稽，他们出于职业习惯，为了谋生，对待希腊就好像对待一件日常手艺工具，毫无敬畏之心，用一双耍手艺的手在这神圣之物上乱摸。然而，正是在绝大多数文科中学教师由之产生的这种状态下，在古典语文学者的立场中，这种粗暴不敬的情感相当普遍，因此，这样一种态度在文科中学继续发展和传承就并不令人感到奇怪了。

人们只要看一看年轻一代古典语文学者就可以了；当我们面对希腊这样的世界时，我们会感到自己无颜生存，在他们身上却很少看到这种羞耻感，相反，这些小无赖是多么肆无忌惮地把他们可怜的巢筑在最伟大的神庙里啊！这些人从大学时代起就在令人惊叹的希腊世界废墟上转悠，洋洋自得，没有敬畏之心，对于他们中间的绝大多数人，本来应该从四面八方响起一个有力的声音："从这里滚开，你们这些未得秘传的人，你们这些没有资格得到秘传的人，闭嘴走开吧，闭嘴吧，羞愧吧！"唉，响起这个声音也是徒劳，因为一个人哪怕只是为了听懂希腊的咒语和禁令，就必须已经具备一点儿希腊的素质！而这些人是如此之野蛮，竟然按照他们的习惯在这些遗址上把自己安顿得舒舒服服：他们随身带去自己所有的时髦享乐装备和业余爱好物件，把这些东西藏在古代立柱和墓碑后面；然后，当他们在古代环境里重新找出自己起先狡猾地悄悄放进去的东西时，就大声欢呼起来。某甲作了几行诗，还会查赫西基奥斯[1]词典，他立刻就相信自己负有改写埃斯库罗斯的使命，并且找到了信徒，信徒们断定他是埃斯库罗斯的congenial（"知己"），是一个写诗的共同受难者！某乙用一双多疑的警察眼睛捕风捉影，捕捉荷马史诗里的破绽，他把全部生命耗费在撕裂和缝合荷马的碎片上，这些碎片原是他从这件辉煌的衣裳上偷来的。对于某丙来说，

---

[1] 赫西基奥斯（Hesychius of Alexandria），活动时期为公元5世纪，最完备的希腊语词典作者。

古代一切秘仪和纵欲的方面都让人感到不自在，他决定一劳永逸地仅仅保留那位通情达理的阿波罗，并把雅典人看成乐天、理智，虽则有点儿不道德的阿波罗信徒。当他把古代一个幽暗的角落带到了他自己的启蒙高度，当他譬如说在早期毕达哥拉斯学派身上发现了一个开明政治的忠诚弟兄，他是怎样松了一口气啊。某丁殚精竭虑地思考，俄狄浦斯为何命中注定要做弑父娶母这么丑恶的事。谁之罪！诗的正义在哪里！他突然明白了：俄狄浦斯想必本来就是一个毫无基督教的温良品质的爱激动的家伙，曾经陷入不得体的狂热之中——当时提瑞西阿斯[1]说他是一个怪物，是对整个城邦的诅咒。索福克勒斯也许是想教导我们：要温顺，否则你们必将弑父娶母！某戊又穷其一生反复计算希腊诗人和罗马诗人的诗篇，为 7:13=14:26 的比例欣喜不已。最后，某己则预言如何从介词观点看荷马这样一个问题的解决，相信可以凭借 ἀνά 和 κατά 从源头汲取真理。然而，所有这些人，不管倾向如何不同，都用笨拙的方法在希腊的地皮上不倦地挖掘着，而一个严肃的古典爱好者却必须十分谨慎。对于每一个对古代可能怀着职业性兴趣的人，不管他有无天赋，我都想握着他的手，郑重地告诫他："你是否知道，你面临着什么样的危险，年轻人，倘若带着平庸的课本知识走上这属于灵巧之人

---

[1] 提瑞西阿斯（Tiresias），希腊神话中人物，底比斯的盲人占卜者。他主张把底比斯的王位让给能战胜斯芬克司的人，并把王后伊俄卡斯忒也嫁给那人，埋下了俄狄浦斯弑父娶母的伏线。

的旅途？你是否听说，按照亚里士多德的说法，有一种不可忍受的死，就是被一根像柱砸死？正是这样的死在威胁着你。你感到奇怪？你要知道，几百年来的古典语文学者们都在尝试，想在大地上重新竖立业已倒塌和沉没的古希腊雕像，但至今力不从心，因为这是一座巨大的雕像，上面爬满了精灵一样的东西。集合了众人的努力，动用了现代文化的一切手段，勉强把它抬离地面，它又总是重新倒下，在倒下时把它下面的人压碎。这倒还能忍受，因为所有生者都终归是要死于某个原因的，但谁能够担保雕像本身在这些尝试中不会被砸成碎块！古典语文学者被希腊所毁——这种伤痛或许会痊愈——可是古代竟被古典语文学者自己弄成碎块！请你三思，头脑简单的年轻人，知难而退吧，如果你不是一个圣像破坏者的话！"

事实上——哲学家微笑着说道——如你所要求的，现在有相当数量的古典语文学者已经知难而退了，而我注意到这与我青年时代的经验适成鲜明对照。他们中的许多人终于自觉或不自觉地相信，对于他们来说，直接从事古典研究是没有好处和前途的，因为即使现在，在多数古典语文学者那里，这种研究也是枯燥乏味、死气沉沉、毫无创造性的。这群人便带着越来越大的兴趣投身于语言学（die Sprachwissenschaft）：在这里，在一望无际的刚开发的处女地上，眼下最平庸的天赋也还派得上用场，由于方法的新颖和不确定，持续存在着千奇百怪的迷路的危险，某种冷静的性格甚至已经被视为有用的才能；在这里，在细枝末节上工作恰好是值得欢迎的；在这里，从古代废墟世界里发出的庄严拒绝的声音不会使靠近者吃惊；在这里，人们尚张开臂膀接纳每一个人，即使是那种对于索福克勒斯和阿里斯托芬从来形成不了特别的印象和值得重视的思想的人，也可被安排在一台词源学织布机旁做出成绩，或者被请来做冷僻的残存方言的搜集工作——而他的日子便消逝在联结和分离、搜集和散开、跑进和跑出之中了。可是现在，一个这样被如此有利地使用的语言学者首先还得是一个教师！按照他的责任，他恰恰必须就古代作家的问题教给学生一点东西，可是，他自己对于古代作家压根儿没有形成什么印象，更不用说形成什么见解了！多么狼狈啊！古代对他未尝说话，因此他关于古代无话可说。突然，他茅塞顿开：他这个语言学家是干什么的！那些作家干吗用希腊文和拉丁文写作呀！于是，他立即拿荷马开刀，兴致勃勃地开始做词源学分析，借助于立陶宛语、古保加利亚语，尤其是神圣的梵语，仿佛希腊课只是普通语言教程的托词，仿佛荷马犯了一个原则性错误，就是不用古印度日耳曼语写作。凡是了解今天文科中学的人都知道，那里的教师对于古典传统是多么陌生，正是因为感觉到了这个缺陷，博学的比较语言学研究才如此兴盛起来了。

我认为——弟子说——关键就在于，一个从事古典教育的教师恰恰不把他的希腊和罗马与别的民族，与那些蛮族相混淆，对于他来说，希腊语和罗马语**绝**不可能是一种与别的语言相并列的语言。正是就他的古典志向来说，这些语言的骨骼与其他语言是否一致和同源乃是无所谓的，只要他还是一个从事真正教育的教师，立志要依照崇高的古代榜样改造自己，他就不会关心相一致的地方，恰恰是那**不同**的地方，那使这些民族作为非野蛮民族高于其他民族的东西，才是他真实立场的支撑点。

我颇为困惑——哲学家说——我的怀疑是，按照现在文科中学教希腊语和拉丁语的方式，恰恰是在说话和写作中表现出来的轻松自如支配语言的那样一种能力消失了，而在这方面，现在当然已经变老了且人数稀少的我这一代人是十分特出的。在我看来，今天的教师是在用遗传学和历史学的方式教他们的学生，结果，在最好的情况下，也不过是又培养出了一些小家子气的梵文学者、语源学癖、考证狂而已；然而，他们中不会有人像我们老辈人这样，能够出于他的爱好阅读他的柏拉图、他的塔西佗[1]。文科中学现在仍还可以是培养博学的场所，不过不是那种博学，它仿佛是一种指向最高贵目标的教育的自然而然、不求而得的副产品，毋宁说是这种博学，它可以譬作一个不健康躯体的过度发胖。文科中学就是培养这种博学肥胖症的场所，倘若它还没有蜕变为培养那种时髦的野蛮的角斗学校的话，如今那种野蛮敢于自诩为"当代德国文化"。

可是，数量众多的可怜的教师能够逃往哪里呢？——弟子回应道——大自然没有赋予他们从事真正教育的才能，毋宁

---

[1] 塔西佗（Publius Cornelius Tacitus，约55—约120），罗马帝国高级官员，以历史著作《历史》《编年史》名垂千古。

说他们是因为过多的学校需要过多的教师这样一种客观情势，为了养活自己，才要求扮演教师角色的！倘若古典文化把他们拒之门外，他们能够逃往哪里呢？他们岂不只好做那些现代势力的牺牲品，它们日复一日通过喋喋不休的报刊喉舌朝他们喊叫："我们就是文化！我们就是教育！我们站得最高！我们是金字塔的尖顶！我们是世界历史的目的！"——既然他们听见了这些诱惑人的预言，既然他们听到，正是这些最无耻的野蛮征兆，使这个新闻界和报界中所谓有"文化趣味"的粗俗社会，在被颂扬为一种全新的最高、最成熟教育形式的基础！这些可怜的人能够逃往哪里呢，既然他们心中也还有良知残存，感觉到了那些预言是十足的谎言——除了逃到最沉闷、烦琐、枯燥的学科中，从而可以不再听见喋喋不休的教育叫嚣，还能逃往哪里呢？长此以往，最后他们岂不只好像鸵鸟一样，把自己的脑袋藏在沙堆里！埋头于方言、词源学、考证，度过蚂蚁般勤劳的一生，尽管离真正的教育仍十分遥远，但至少可以闭目塞听，不闻时髦文化的噪音，这于他们岂不是真正的幸福？

你是有道理的，我的朋友——哲学家说——可是，哪里有这样的铁律，规定学校必须过剩，因此教师也必须过剩，既然我们已经清楚地认识到，这个过剩的要求是从一个敌视教育的领域里响起的，其后果也只会对反对教育的势力有利？事实上，只有在一个意义上可以谈论这样一种铁律，就是现代国家总是参与决定这些事情，并且以它的装备一举实现它的要求，而这些现象当然会使多数人产生相同的印象，仿佛是永恒的铁律、事物的根本法则在向他们说话。此外，如同人们现在所说，一个表达着这种要求的"文化国家"是某种新事物，在最近半个世纪才成为一种"不言而喻的东西"，也就是在这样一个时代，按照钟情于它的人的说法，在它看来，各种各样本身绝非自明的东西都显得"不言而喻"了。普鲁士是最强大的现代国家，正是它如此严格地执掌着教育和学校的最高领导权，以这个国家特有的魄力使它所采用的可疑原则具有了一种普遍的威胁性意义，一种危及真正德国精神的意义。我们从这个方面发现，把文科中学送上所谓"时代的高峰"的努力被正式制度化了：在这里，国家使用了它的最有力手段，在服兵役方面授予某种特权，其结果是，根据统计局的客观报告，普鲁士所有文科中学的普遍满员，对于扩建的持续不断的迫切需要，都恰恰由此也仅仅由此可以得到解释。要让教育机构的数量激增，国家不必做更多的事，只需把政府的所有高级职位和绝大部分低级职位，大学的授课资格，尤其是影响最大的军职优待，都带入与文科中学的必然联系之中，而这是在这样一个国度中，在那里，不论是民众完全认可的普遍兵役义务，还是无节制的从政野心，都把一切天赋优秀的人不由自主地引到了这个方向上。在这里，文科中学主要被看作某种晋升之阶，凡是能激发起从政冲动的东西，都可以在文科中学的轨道上发现。这无论如何是没有先例的新现象：国家自命为文化的引路人，在推进自身的目标之时，它强迫每个仆人手举国家普及教育的火炬在它面前出现；他们必须在摇曳的火光中重新认它为最高目的，为他们全部教育工作的报酬。虽则后一现象会使他们心中生疑，譬如说会使他们想起一种正在逐渐被认清的相近的哲学倾向，那种哲学曾经也得到国家的推进，也把国家的目的认作自己的目的，那就是黑格尔哲学。倘若我们断言，通过将一切教育努力从属于国家目的，普鲁士很有成效地把尚可实际利用的传家宝黑格尔哲学占为己有了，它对国家的神化在这一从属关系中达到了顶峰，想必不是夸大吧。

然而——弟子问道——在一种如此令人惊讶的倾向中，国家能达到什么目的？因为对于普鲁士的学校状况，其他国家都表示钦佩，仔细琢磨，到处有进行模仿的，这种情况已经表明，国家的目的正在达到。其他这些国家猜想，这里显示了某种东西，在相近的方式上会有利于国家的长存和强大，比如那个已经全民化的著名的普遍兵役义务。在那里，人人都在一定阶段自豪地穿上军装，几乎人人都通过上文科中学接受了穿军装的国家文化，因而人们几乎都充满感情地谈论古代的状况，谈论一种唯有在古代曾经达到过的国家之强盛，凭借本能和教育，几乎每个青年都把这看作人生的巅峰和最高目标。

这个比较诚然充满感情——哲学家说——不过不能只做单**方面**的比较。因为古代国家的实质恰恰离这种功利考虑要多远就有多远，按照这种考虑，教育只在对国家直接有利的情况下才被允许存在，那些不能表明立刻可用于实现国家意图的冲动甚至遭到了扼杀。感官深刻的希腊人对国家怀着敬佩和感激之情，其强烈的程度几乎会使现代人觉得有失体统，之所以如此，正是因为他们知道，没有这样一个救急和保卫的机构，文化的唯一核心就不可能得到发展，正是在**他们自己的**救急和保卫机构的关切而英明的保护下，他们整个不可模仿的、对一切时代来说都是独一无二的文化才得以如此繁荣昌盛。国家不是他们的文化的边防哨、调节器、看护人，而是强壮、结实、随时准备战斗的战友和同伴，它护送这位可敬、高贵、仿佛超凡脱俗的朋友穿越严酷的现实，因此而得到了后者的感谢。相反，在今天，如果现代国家要求得到这样一种热忱的感谢，情况看来就不是如此，因为它似乎是知道对德国最高教育和文化的骑士式服务的，从这个方面看，它的过去与它的现在一样可耻；关于这一点，我们只要想一想，我们的伟大诗人和艺术家的纪念日在德国大城市里是怎样被庆祝的，这些德国大师的最高计划从这个国家那里得到过怎样的支持，就很清楚了。

因此，无论是用各种方式推进所谓"教育"的国家倾向，还是被如此推进的从属于这一国家倾向的文化，情况都相当特殊。这一国家倾向与真正的德国精神以及由之派生的教育处在或隐或显的敌对之中，关于那种教育，我的朋友，我已经向你勾勒过它的大致线条；而**这种**教育的精神，这一国家倾向由之得到好处，通过积极参与的方式加以贯彻，并因此而使其学校制度在国外受到赞扬，照此看来，它必定源自一个与那种真正的德国精神不一致的领域，那种精神从德国宗教改革、德国音乐、德国哲学的最内在核心中神奇地向我们言说，如同一个高贵的流亡者，恰恰被这种以国家名义过度发育的教育如此漫不经心、如此轻蔑地看待。它是一个异乡人，在孤独的悲痛中终其一生；而在那边，那种伪文化面前却是香火鼎盛，在"有教养的"教师和报刊写手的叫喊声中，伪文化自以为拥有了**它**的名字，它的威严，以"德国的"之名义玩着卑鄙的把戏。国家为何需要这么多学校和教师？为何需要基础如此广阔的国民教育和国民启蒙？因为真正的德国精神遭到仇恨，因为人们害怕适合于真正教育的高贵天赋，因为人们要在多数人身上培养和鼓励受教育的非分要求，借此迫使伟大的个人自我放逐，因为人们想逃避伟大导师的严格艰苦的训练，其办法是向大众灌输，说他们自己将找到道路——在国家的指导之下！一种新现象！国家成了教育的指导者！尽管这样，我也还有一个安慰：这个德国精神，人们如此反对它，用披挂花哨的副牧师取代它，这个德国精神是勇敢的：它将战斗着进入一个更纯粹的阶段，它将高贵地（如它所是的那样）、胜利地（如它将是的那样）对国家保持某种同情之感，倘若后者在危急时要求它在表面上接受伪文化做同盟者的话。因为人们哪里懂得，统治人的任务有多么困难，就大多数而言，人这个种属极其自私、不公正、不讲理、不诚实、嫉妒、阴险，并且十分狭隘、怪僻，要在这个种属的千百万个体中正直地坚持秩序、安宁、和平的法则，同时保卫国家自身赢得的少量财产，使之不被贪婪的邻居和险恶的强盗掠夺，真是谈何容易！一个承受如此压力的国家会抓住每一个同盟者，何况有这样一个同盟者在用花言巧语自荐，如同黑格尔所做的那样，他称国家为"绝对完美的伦理有机体"，提出教育的使命就是经过深思熟虑为每个人找到一个地方和一种环境，在那里可以最有效地为国家服务。如果国家毫不犹豫地拥抱这样一个自荐的同盟者，也用它深沉粗野的嗓音充满信心地向他喊叫："对啊，你就是教育！你就是文化！"——谁会对此感到奇怪呢？

第四讲 教育机构与生计机构的对立

再谈教育机构与生计机构的根本不同，任何把谋生方式树为前景的教育绝不是真正的教育。举例说明生计与教育的对立：生存斗争的立场扼杀了对万物形而上统一的领悟能力。因为缺少真正的教育机构，德国天才的命运皆孤独而悲惨。

我尊敬的听众！到现在为止，你们忠实地跟随我的讲述，我们一起忍受了哲学家和他的同伴的那一场寂寞、冷僻、不时还颇为刺耳的对话。在这之后，我必须期待你们像精力充沛的游泳者一样，仍有兴趣经受住我们的后一半旅程。同时我可以向你们许诺，在我的体验之小木偶剧场上，现在会有另一些演员出场，而既然你们已经坚持到了现在，你们大概会更加轻松自如地顶着我的讲述之浪到达终点。我们马上就开始转换话题，为此最好还是做一个简短的回顾，以便我们再次确信我们认为从如此跌宕起伏的谈话中所得到的东西。

坚守你的岗位——哲学家好像这样向他的同伴喊道——因为你可以怀有希望。越来越清楚的事实是，我们没有教育机构,但我们必须拥有。就其性质来说,我们的文科中学是要保障这个崇高目标的,而它们或者变成了一种可疑文化的保管所,这种文化出于刻骨的仇恨拒斥一种真正的教育,亦即一种以心灵的精选为支撑的高贵教育;它们或者在培植一种烦琐、枯燥、无论如何离教育甚远的博学,其价值也许在于至少可以使人对那种成问题的文化闭目塞听。哲学家特别让他的同伴注意一种罕见的蜕变,只要国家相信自己可以支配文化,只要它通过文化来实现国家的目的,只要它与文化联手反对其他的敌对力量,反对哲学家斗胆称之为"真正德国精神"的那个精神,上述蜕变就必然会在文化的核心之中发生。这个精神通过最高贵的需要与古希腊紧密相连,在艰难岁月中证明了它的坚忍和勇敢,它有纯粹高尚的目标,凭借它的艺术能胜任其最高使命,即把现代人从"现代"这个咒语下解救出来——这个精神注定备受冷落,远离自己的继承人而生活;然而,一旦它从容的声音穿越现代的荒漠响起,就会使这个时代满载货物、披挂花哨的商队惊恐不已。我们要带来的不只是惊奇,而且是恐慌——哲学家认为,他的忠告是不要胆怯地从这里逃跑,而要进攻,不过他更向他的同伴强调:不要对个体的人疑虑重重,评头论足,凭借一种更高的本能,对于当代野蛮的厌恶正在从他们中爆发出来。"让它完蛋吧:玄妙之神未尝为了寻找一个新的三足怪物、第二个女预言家而发愁,只要神秘之汽仍从深处冒出。"

哲学家重新抬高了声音。请注意,我的朋友——他说道——你们不要混淆两类事情。为了生存,为了进行他的生存斗争，人必须多多学习；可是，他作为个体为这个目的所学所做的一切仍与教育毫不相干。相反，唯有在一个超越这个窘迫、必需、生存斗争世界的大气层里，教育才开始。你们不妨扪心自问，一个人是多么高估与其他主体（das Subjekt）并存的他的主体，他是多么严重地被他投入那种个体生存斗争的力量所损耗。有的人以斯多葛方式严格限制自己的需求，一下子就轻易升入一种境界，他在其中得以忘却并且仿佛甩掉了他的主体，从而在一个由无时间和无个人的事情组成的星系中享用永恒的青春。又有的人把他的主体的作用和需要扩张到这般地步，按照摩索洛斯王陵墓[1]的惊人规格建造他的主体之陵墓，他的那种状态仿佛是在与时间巨人搏斗并决心战胜它。对不朽的追求也表现在这样一种冲动中：财产和权力、聪明、果断、口才、显赫的威望、响亮的名声——所有这些在这里都变成了手段，贪婪的个人生命意志用它们来要求新生，用它们来渴望一种终究虚幻的永恒。

然而，在主体的这种最高形式中，以及在一种扩展了的、仿佛集体性质的个体的最热烈需要中，仍不存在与真正教育的任何关系。譬如说，如果艺术是按照这个方向被需求的，所看到的就只是艺术的消遣效果和刺激效果，而对于这样的效果，高尚纯粹的艺术是最不能引起的，低级混浊的艺术是最善于引起的。在旁观者眼中，他的全部行为和冲动也许会

---

1 摩索洛斯王陵墓，位于小亚细亚哈利克纳苏斯城，世界七大奇观之一。

显得很辉煌,其实他从未摆脱掉他的充满渴望、孜孜不倦的主体,于是那片无主体静观的澄明天空总是逃他而去——因此,尽管他可以学习、旅行、采集,他离真正的教育必定仍无限遥远,始终被拒之门外。因为真正的教育不肯让利欲熏心的个体玷污自己,它善于机智地从那种想把它用作实现利己目的之手段的人身边溜走,哪怕有人误以为已经抓住了它,可以从它身上获利,通过榨取它来安排自己的生计了,它仍会带着嘲笑的表情悄无声息地逃脱。

所以,我的朋友,请不要把这一种教育,这个纤足、娇惯的仙女,与那个可供使唤的丫鬟混为一谈,后者有时也以"教育"自称,其实不过是一个有智识的女仆,生计、收益、需求方面的女管家。然而,任何一种学校教育,只要在其历程的终点把一个职位或一种谋生方式树为前景,就绝不是真正的教育,正如我们所理解的那样,而只是一份说明书,一门用以指导人们在生存斗争中救助和保卫自己的课程。当然,对于绝大多数人来说,这一份说明书具有头等的和最切近的重要性,而斗争越是艰难,年轻人就越是要学习,越是要紧张地调动他的力量。

不过,不会有人相信,这些激励和训练人们去进行生存斗争的机构,会在严格的意义上不管以什么方式被看作真正的教育机构。这是一些对付生计的机构,它们能够许诺培养公务员、商人、军官、批发商、农场主、医生、技术员。但是,这样的机构所实行的法则和标准无论如何是和建立真正的教育机构根本不同的,前者所允许甚至尽量提供的东西,在后者看来会是渎神的罪恶。

我要给你们举一个例子。如果你们想引导一个青年走上正确教育的小道,就当心别去妨碍他与自然结成朴素、信任、私密般的关系:森林、岩石、波浪、猛禽、孤单的花朵、蝴蝶、草地、山坡都必定在用自己的语言对他说话,在它们之中,他必定宛如在无数互相投射的映像和镜像之中,在变幻着的现象之彩色漩涡之中,重新认识了自己;如此他将凭借自然的伟大譬喻不知不觉地感应到万物的形而上的统一,立刻恬然休憩于她永恒的持久性和必然性。可是,对于许多青年来说,怎么能够在与自然如此亲近的、近乎私密的关系中成长起来!其他人则不得不早早地学习另一种真理:怎样征服自然。那种朴素的形而上学在这里终结了,而植物生理学、动物生理学、生物学、无机化学迫使其学徒用完全不同的方式看待自然。由于这种新的强迫性的观察方式,丢失的不是诗意的幻想,而是依靠本能唯一真实地领悟自然的能力,取而代之的是依靠精明的计算智胜自然的能力。因此,对于一个真正有教养的人来说,丢失的是无价之宝,即能够毫不间断地忠于他童年时代的沉思本能,借此达到一种宁静、统一,一种关联和协调,这些东西是一个被培养去进行生存斗争的人未尝梦见过的。

请不要以为,我的朋友,我是反对你们赞美我们的实科中学和市立中学。我尊重这些场所,在这里,人们学习有条理地计算,掌握交际的语言,认真获取地理知识,用令人惊讶的自然科学知识武装自己。我也非常乐于承认,我们今天的优秀实科中学培养的学生有资格要求享有文科中学毕业生通常享有的权利,那一天一定不远了,那时候各地大学和政府机关也要向这类学生开放,就像迄今为止向文科中学学生开放一样——真该好好注意今日文科中学的学生了!我实在克制不住要加上这句令人痛苦的话,因为事实是,实科中学和文科中学在其现今目标上总体上是如此一致,只在细节上彼此有所不同,因此可以要求国家给予完全平等的权利——由此可见,我们缺少学校教育机构的一个种类,即真正教育机构的种类!我绝不是在谴责实科中学,迄今为止,它们既幸运又诚实地推进了虽则非常初步但极其必要的倾向;可是,文科中学领域里的情况就要不诚实得多,也不幸得多了。因为在这里正滋生着某种本能的羞耻感,人们朦胧地意识到,这整个机构已经可耻地降格,野蛮荒凉、毫无创造力的现实反驳着精明辩护的教师们的教育大话。所以,不存在真正的教育机构!而在至少仍假冒这种机构的表情的地方,人们比在所谓"实在论"信徒那里更加绝望、不满、愁容满面!此外,请你们注意,我的朋友,教师圈子里有些人是多么粗野无知,他们误解严格的哲学术语"实在的"(real)和"实在论"(Realismus)到这种地步,竟然会在其背后嗅出物质与精神的对立,把"实在论"解释为"认识、塑造、支配现实之物的流派"。

从我这方面讲,我只知道一种真正的对立,**教育机构**与**生计机构**的对立,一切现存之物都属于这两大类别,现在我来讲前一个类别。

两位哲学同行谈论着不同寻常的话题,大约有两个钟点过去了。夜降临了,在暮色中,哲学家的话音宛若一种天籁在林苑中奏响,而此刻,夜已漆黑,当他说得慷慨激昂时,他的声音在隐入山谷的树干和岩石上折回,隆隆声、啪嗒声、咝咝声交织成一片。突然,他沉默了;而刚才他带着几乎是同情的语气重复说着:"我们没有教育机构,我们没有教育机构!"这时有什么东西掉了下来,也许是一颗冷杉球果,径直从他面前掉下,他喊了一声,哲学家的手迅速抓住了那个东西。于是,沉默被打断了,哲学家抬起头来,刹那间感觉到了黑夜、清凉和孤独。"我们在做什么啊!"他对他的同伴说,"夜已降临。你知道我们在这里等待谁,但他不会再来了。我们白白在这里这么久,我们该走了。"

现在我要让你们,我尊敬的听众,了解我和我朋友的感情,正是怀着这样的感情,我们躲在那里,饥渴地偷听了这一场感人至深的谈话。我已经对你们说过,在那个地点,在那个黄昏时刻,我们是想要庆祝一个纪念日,这个纪念仅仅关涉广义教育和学校教育问题,按照我们青春的信念,我们要借之把我们迄今为止生活中丰硕而幸运的收获护送回家。因此,我们特别愿意感激地怀念我们从前在这个地点设想出的那种机构,我早先已经告诉你们,其目的是在同学的一个小圈子里鼓励和督促我们活泼的教育兴趣。可是,当我们凝神屏息偷听到了哲学家的有力话语之时,突然有一束完全意外的光投照到了我们的全部过去上面。我们的境况就好像那些人,在无人看顾的漫游中突然发现自己站在深渊边上,面对巨大的危险,我们既不能逃跑,也不能冲上去。在这里,在这个对于我们如此堪忧的位置上,我们听见了提醒的呼喊:"退回去!别朝前走!你们要知道,你们的脚在把你们带到哪里,这闪光的路在把你们引向哪里!"

看来我们现在意识到了这一点,而洋溢的感激之情如此不可抗拒地把我们引向那严肃的警告者和尊敬的阻挡者,以至于我们两人同时跳起来要去拥抱哲学家。他已经转身,正准备离开;当我们带着沉重的脚步声如此吓人地跳向他,而狗狂吠着扑向我们之时,他和他的同伴都以为遇到了强盗的袭击,不会想到是热情的拥抱。他显然已经忘记我们,立刻跑开。我们赶上了他,但我们的拥抱完全失败了。我的朋友在那一刻惨叫起来,因为狗咬住了他,而那个同伴用力扑向我,和我一起摔倒了。一场可怕的人狗混战在地上展开,并且持续了一会儿,直到我的朋友终于戏仿哲学家的话大声喊叫:"以全部文化和伪文化的名义!这愚蠢的狗想从我们身上得到什么!该死的狗,从这里滚开,你这未得秘传的东西,你这没有资格得到秘传的东西,闭嘴走开吧,闭嘴吧,羞愧吧!"

讲了这番话之后,漆黑森林里的这个舞台尽其可能地明朗一些了。"原来是你们!"哲学家喊道,"是我们的射手!你们真把我们吓坏了!刚才是什么使得你们这样冲向我的?"

"是快乐、感激和尊敬,"我们说,一边摇着这位老者的手,这时狗发出了一阵十分会意的吠声,"我们不想让您没有听我们的心里话就走掉。为了能够对您说明一切,希望您现在也别走；我们还想向您请教现在正压在我们心头的许多问题。请您留下，每一步路对于我们都是宝贵的，此后我们陪您下山。你们等的那个客人也许还会来。请看一眼那边，什么东西在莱茵河上浮动，那样明亮，仿佛有许多火炬在放光？我在那里面寻找您的朋友，我预感到，他将带着所有这些火炬向您走来。"

就这样，我们用我们的请求、我们的许诺、我们充满幻想的理由，对吃惊的老者纠缠不休，直到那位同伴终于也劝哲学家说，在这里，在高山之顶，在柔和的夜气中，仍有某种东西在上下游走。"从一切知识烟雾中放电。"他如此补充道。

"你们应当惭愧！"哲学家说，"如果你们想要引证点什么，你们毕竟可以只引证《浮士德》。不管有没有引文，我还是准备向你们让步，只要我们的小伙子站着不动，不像刚才那样突然跑过来；因为他们就像鬼火，一会儿出现，一会儿又不见了，让人感到奇怪。"

这时我的朋友立刻又引证开了：

> 出于敬畏，我希望，我们能成功地
> 对付轻盈的自然之物
> 我们通常只走曲折的路。

哲学家惊讶地站住了。"你们真让我吃惊，"他说，"我的鬼火先生们，这里不是沼泽！你们怎么看这个地方？对于你们来说,站在一个哲学家旁边意味着什么?这里的空气凛冽而清爽,这里的土地干燥而坚硬。你们必须为你们对曲折的爱好寻找更虚幻的地方。"

"我想,"这时弟子插话了,"两位先生已经对我们说过,一个承诺在这个时刻把他们与这个地点相联结。但是,我似乎觉得,他们作为合唱队也属于我们的教育喜剧,而且真正是作为'理想的观众'——因为他们没有妨碍我们,我们相信彼此可以相安无事。"

"是的,"哲学家说,"这是真的,你们不必拒绝这个称赞,不过在我看来,你们还有更值得称赞的地方……"

这时我抓住了哲学家的手,对他说:"听了您这样的谈话,一个人倘若能够不严肃深思,甚或不热血沸腾,他一定就像腹部贴地、埋头污泥的爬行动物一样迟钝。有的人也许会因为懊恼和自责而生气;但我们的印象有所不同,只是我不知道该怎样来描述。这个时刻正是我们梦寐以求的,我们的心情为之做好了充分准备,我们坐在那里如同敞开的容器——现在的情形是我们用这新的智慧装满了自己,我倒完全不知道该怎么办了,倘若有人问我,明天我想做什么,或者从今以后我作何打算,我就根本不会回答了。因为迄今为止我们的生活显然完全不同,所受的教育显然根本不正确——可是,我该怎么做,才能跨过今天和明天之间的鸿沟?"

"是的,"我的朋友确认,"我的情况也这样,我也有这个疑问。可是,然后我觉得,对于德国教育的使命有如此崇高理想的观点,我仿佛要被吓得逃离德国教育了,甚至觉得自己不配参与它的事业。我只看见一趟生气勃勃、闪闪发光的列车朝着那个目标前进,我知道这趟列车在越过怎样的深渊,避开怎样的诱惑。谁能如此勇敢,加入这趟列车呢?"

那个弟子这时也转向哲学家说:"请您不要生我的气,倘若我有某些相同的感觉,并且现在对您说出来。在和您谈话时,我常常感到超越了我自己,被您的勇气、您的希望所温暖,进入忘我的境界。然后,在冷静下来的时候,某一阵刺骨的现实之风又使我恢复思考——于是我又只看见横在我们之间的鸿沟,如同在梦中一样,您载我越过了它。您所说的那种教育在我的周围晃动,或者沉重地压在我的胸口,它是一副会把我压倒的铠甲,一柄我挥舞不动的宝剑。"

面对哲学家,我们三人突然一条心了;寂然无声的夜,宁静低垂的星空,在我们白天用作射击场的那块林中空地上,我们三人和哲学家一起慢慢来回踱步,你一言我一语,互相激发,提出了一些共同的看法,大意是说:"关于天才您谈了许多,谈到了他穿越世界的、孤独艰难的旅行,似乎大自然一直在生产极端的对立面,一方面是靠本能繁衍的、迟钝的、沉睡不醒的大众,另一方面是距之无限遥远的、沉思冥想的、为永恒创造而装备起来的伟大个人。可是,您又把这些个人称作智力金字塔的尖顶;这么说来,从承重的广阔地基到高耸入云的尖顶,其间必定有无数的中间阶层,而那句格言正好适用于它们:natura non facit saltus(自然不产生飞跃)。那么,您所说的教育是从何处开始的,归属下面的部分和归属上面的部分是在哪些石块上分界的呢?如果唯有关涉这些最稀罕的天性才可真正谈'教育'，那么，该怎样以这些天性的神秘莫测的存在为基础来建立机构，又该怎样来考虑教育机构的问题，使它们恰好有益于这些精英呢？相反，我们倒觉得，正是他们才知道找到他们的路，他们的力量正表现在无须这根教育拐杖，就像所有其他人需要它才能行走一样，能够不受干扰地穿越世界历史的挤压和碰撞，宛若一个幽灵穿越一个盛大拥挤的集会。"

我们就这样七嘴八舌说着自己的看法，不假思索，也不太有条理。哲学家的同伴继续对他的老师说道："请您自己想一想所有这些伟大的天才——我们是一直因他们而引以自豪的，把他们视为那个真正德国精神的忠实可靠的向导和指路人，我们用节日和雕像来纪念他们，我们自信地把他们的作品推荐给其他国家——您所要求的这种教育在哪一点上是为他们而设的，他们在多大程度上表明自己是依靠家乡的教育阳光生长成熟的？尽管如此，他们仍然可能，也确实已经成为我们今天如此敬仰的人，他们的作品也许正好为这些高贵的天性所采用的发展形式做了辩护，甚至为我们必须承认的德国当时教育的缺少做了辩护。莱辛、文克尔曼从德国现成的教育中获取了什么？一无所获，或者至少和贝多芬、席勒、歌德以及我们所有的大艺术家、大诗人一样少。永远只有后一代人才能够明白，前一代人是凭借什么上天的礼物成其卓越的，这大约是一个自然规律。"

听到这里，年老的哲学家怒不可遏，朝他的同伴喊道："噢，你是一只头脑简单的羔羊！噢，你们全都是无知的牲口！片面，愚笨，狭隘，驼背，残疾，什么样的歪理啊！是的，我听到的正是我们今天的教育，我的耳边又响起了真正的历史'自明性'，真正早慧而无情的历史理性！你要留心，未被玷污的天性，你垂垂老矣，千百年来这星空静息在你的头顶——可是你还未尝听见过这么有教养和实质上这么恶毒的空话，就像这个时代所喜欢的那样。这么说来，我的好日耳曼人，你们为你们的诗人和艺术家感到自豪？你们伸出手指指着他们，在别国面前用他们来自夸？而由于他们的产生没有花你们什么力气，你们便因此得出了一个最可爱的理论，即你们以后也无须为产生他们花什么力气？我的没有见过世面的孩子，莫非他们是无中生有的，是仙鹤把他们带给了你们！谁还会想到助产士！现在，我的好人儿，应该给你们一个严肃的教训：因为你们，因为你们的野蛮，所有这些我们谈到的闪光的、高贵的心灵都过早地被窒息、损耗、熄灭了，难道你们能够为此自豪？怎么，你们想到莱辛时能够不害羞？他与你们可笑的木头人和偶像做斗争，被你们的剧场、你们的有教养人士、你们的神学家误解，终于毁于你们的麻木，未尝有一次得以从事那永恒的飞翔，而他本来是为此才来到世界上的。在纪念文克尔曼时你们有何感想？他为了不再看见你们的荒唐胡闹，只好去乞求耶稣会会士的帮助，他的可耻改信要归咎于你们，在你们身上留下了抹不掉的污点。你们提到席勒的名字而竟然能够不脸红？好好看一看他的肖像！那燃烧着的火星四射的眼睛，它轻蔑地越过你们望向远处，那死一样烧得通红的面颊——它对你们毫无所言？

你们在那里有一面如此神圣明亮的镜子,但它被你们打碎了。你们还从这个被匆忙赶向死亡的忧郁的生命中夺走了歌德的友谊——就是因为你们,导致了它更快地熄灭。我们的伟大天才中没有一个人得到过你们的帮助——而现在你们要因此得出一个信条,今后也不让一个人得到帮助?然而,到目前为止,对于他们中每一个人,你们都是'麻木世界之阻力',这是歌德在他的《钟》的后记中给的命名,对于每一个人,你们都可恨地麻木不仁,或者嫉妒狭隘,或者恶毒自私。他们不顾你们而创作了他们的作品,他们不得不转身来对付你们,他们因为你们而过早死亡,一天的工作尚未完成,在斗争的重压下心力交瘁。谁能想象,这些英雄男子汉会取得什么成就,倘若那真正的德国精神通过一个强有力的机构在他们头上张开其庇护的屋顶,而没有这样一个机构,这个精神便举步维艰,溃不成军,分崩离析,甚至蜕化变质。所有那些男子汉都注定要被毁灭,对此起作用的也有'一切现存的都是合理的'这个发疯的信念,你们企图用这个信念来开脱你们的罪责。不仅仅是那些男子汉!从一切智力卓越的领域中都出现了你们的控诉者,任凭我阅遍所有诗歌、哲学、绘画、雕塑的天赋,而且不只是最高等级的天赋,到处我都发现半途而废、揠苗助长、未老先衰,在开花之前就被烤焦或冻死了,到处我都察觉那个'麻木世界之阻力'——也就是**你们**——欠下的债。这说明,我要求的是教育机构,看到的是以此自命的机构的可悲状况。谁若坚持称之为'理想的要求',总而言之称之为'理想的',甚至认为可以把这当作一个赞美,用来敷衍我,那我对他的回答就是:现存的简直就是卑鄙和耻辱;有人在形销骨立的严寒中渴望温暖,却被称作'理想的要求',他就必然会被激怒。这里涉及的纯粹是纠缠着我们的明摆着的现实,凡是感觉到了的人都知道,这里有一种与冻馁相同的逼迫。可是,谁若对之毫无所感,那么,他至少提供了一个尺度,用来衡量我所说的'教育'是在什么地方停止的,归属下面的部分和归属上面的部分是在金字塔的哪些石块上分界的。"

哲学家站在我们曾经用来做手枪靶子的那个树墩近旁,发表完上面的演讲,看上去十分生气,我们要求他再一同走一走。一时寂静无言,我们沿着山坡缓慢地散步,陷入了沉思。虽然我们为自己提出过如此愚蠢的论据而惭愧,但是,比这强烈得多的是,我们感觉到了我们的人性在复苏。恰恰是在这一席怒气冲冲的、绝非恭维我们的谈话之后,我们感到自己与哲学家的关系更亲近了,甚至更私密了。

人实在是很可怜的,要拉近他与一个陌生人的距离,最快莫过于此人向他暴露了一个弱点,一种缺陷。我们的哲学家被激怒了,骂粗话了,这就在一定程度上消除了我们一直怯生生地怀有的恭敬心,一个人倘若感到他的察知是令人气恼的,恭敬心往往还会转变成个人的好感和同情心。依照我们人性复苏的感觉,这种同情心渐渐变得越来越强烈。在这深夜时分,我们为什么带着老人在树木和石头之间转来转去?虽然他并不计较,但我们为什么不寻找一种更加安静和谦虚的方式接受教诲,我们为什么再三用这么笨拙的方式表达我们的反抗?

现在我们已经看清,我们的反对意见是多么浅薄、冒失、幼稚,在其中回响着的恰恰是**这个**时代的回音,而老人是丝毫不愿意在教育领域里听见这种声音的。除此之外,我们的反对意见并非真正出自理性的思考,看来哲学家的谈话所触动的并且发生冲突的根源在别的地方。也许从我们口中说话的只是本能的恐惧,即担心遵循哲学家所持的观点,我们个人的利益会不被考虑;也许以往教育在我们身上养成的全部自负现在都紧急动员起来了,要不惜任何代价寻找理由来反对一种思想方式,因为按照这种思想方式,我们对于教育的异想天开的要求必将遭到彻底拒绝。然而,和一个如此切身感受到论证之威力的对手是无法争论的;或者,如同我们这个场合的道德所要求的,对这样的对手不应该争论,不应该反驳。

我们就这样在哲学家身边走着,怀着惭愧、同情和自责的心情,越来越相信老人一定有理,而我们则对他行了不义。此刻,教育机构为我们编织的青春梦想已被远远抛在后面,我们多么清楚地认识到,迄今为止我们只是侥幸逃脱了危险,没有把我们自己完全出卖给一种教育,从少年时代起,它即已从我们的文科中学中花言巧语地引诱我们。我们当时毕竟没有参加为它唱赞歌的公众合唱队,这有什么重要吗?也许重要的只是,我们曾是名副其实的大学生,我们能够逃脱贪婪的魔掌和压力,逃脱汹涌不止的公众舆论之波涛,回到顷刻就会被席卷的孤岛上!

头脑中盘旋着诸如此类的想法，我们正想对哲学家说话，他突然转向我们，声调温和地开口了："你们举止幼稚、轻率、鲁莽，对此我不会感到奇怪。从我这里听到的这些道理，你们过去不可能认真地想过。你们有的是时间，带着它们吧，白天黑夜都要好好琢磨。现在你们正站在十字路口，并且知道了两条路各通向何方。走其中的一条路，你们会受到时代的欢迎，它对你们不会吝惜花环和勋章，那些强势党派将为你们撑腰，你们的前后左右将站满同党。领队振臂高呼口号，整个队伍一齐响应。在这里，第一义务是在队列中战斗，第二义务是消灭不肯站在队列里的任何人。另一条路却使你们旅伴稀少，它艰难、曲折、崎岖，看你们在那里疲惫跋涉，走在第一条路上的人们会讥笑你们，还会试图引诱你们投奔他们。可是，一旦两条路发生交叉，他们就会虐待你们，把你们挤到路边，或者畏怯地躲避你们，孤立你们。

　　"对于两条路上如此不同的行进者，一个教育机构会意味着什么？那些挤在第一条路上涌向其目标的乌合之众，他们把它理解为一个由国家设置的公共机构，他们将经由它而被安置到队列中去，凡是致力于更高远目标的一切事情都被它剔除。当然，他们很善于用华丽辞藻修饰其目标，并使之广泛传播，比如说，他们大谈'以爱国和人道为坚定的共同信念的自由个性之全面发展'，或者宣传他们的目标是'建立以理性、文化、正义为基础的人民国家'。

　　"对于另一支小队伍来说，教育机构就是完全不同的东西了。它要捍卫一个坚强的组织，以预防自己被上述乌合之众淹没和冲散,预防作为其成员的个人过早地疲惫,或者被引诱、腐蚀、毁灭,目中不再有其高贵伟大的使命。这些个人必须完成其作品,那是其联盟的意义之所在——而且是这样一个作品,它仿佛必须擦净了主观性的痕迹,超越时代的影响,如同一面映照事物永恒不变之本质的明镜。所有加入这个联盟的人都必须一同致力于消除自己的主观性,从而为天才的诞生和其作品的创造做准备。为数不少的人,包括一些天赋二、三流的人,注定是要做这种辅助工作的,他们唯有通过为这样一个真正的教育机构服务,才会感到尽了其生命的责任。然而,现在正是这种天赋的人,受到那个时髦'文化'的层出不穷手法的诱惑,离开了他们的道路,迷失了他们的本性。这种诱惑对准了他们的利己主义冲动,他们的软弱和虚荣,那个时代精神正是在他们耳边劝诱:'跟我来吧!在那里,你们是仆人、助手、工具,在更高天赋面前黯然无光,你们的特点不能发挥,备受束缚,像是奴隶,甚至像是机器;在这里,在我这儿,你们像主人一样享受你们的自由个性,你们的天赋可以为自己放光,你们将借之荣居首席,为自己成就伟大业绩,公共舆论的欢呼将使你们无比惬意,远胜于来自天才的居高临下的称赞。'如今,最好的人也受到了这样的诱惑,一个人是否听从这样的声音,天赋的程度根本起不了什么决定作用,起决定作用的是一种崇高精神品质的高度和程度,是英雄气概和甘愿牺牲的本能——最后,是一种已经蔚然成风的由正确学校教育所激发的对于真正教育的需要,如同我已经说过的,这种真正的教育首先是对培育天才的使命的服从和习惯。可是，恰恰这个培育的使命，这个习惯，我们今天称作'教育机构'的机构对之一无所知。虽然我并不怀疑，文科中学原本是被看作这样一个真正的教育机构的，至少是被看作它的预备举措的，而在令人惊叹的激荡的文艺复兴时期，也确实在这条路上迈出了勇敢的第一步；同样，在我们的席勒、我们的歌德的时代，此种被无耻地引开或封锁的需要又重新露头，依稀可辨，宛如柏拉图在《斐多》中谈到的那扇翅膀的雏形，每当灵魂为美所动，它便鼓励和承载灵魂飞升——飞向不变的、纯粹的、一切摹本所从出的事物之原型的王国。"

——"我尊敬的、杰出的导师啊，"这时他的同伴开口了，"既然您引证了神圣的柏拉图和理念世界，我就不相信您还生我的气，我前面说的话也真该惹您生气，挨您批评。您一开始说话，柏拉图的那扇翅膀就在我身上闪动；只要您暂停说话，我就必须驾驭我的灵魂，费力对付也是柏拉图描述过的那匹狂野不羁的烈马，柏拉图说它身体歪斜粗笨，脖子短而僵硬，鼻子扁平，浑身漆黑，眼睛充血无神，耳朵又糟又聋，每时每刻在犯禁作恶，用鞭子和刺杆都管教不了它。那么，请您想一想，我远离您生活了这么久，您谈到的所有那些诱惑手法都在我身上演练了一遍，也许不无成效，虽然我自己几乎觉察不到。我现在比任何时候都更强烈地认为，有一个机构是多么必要，它使我能够和少数真正的教育家共同生活，以他们为导师和领路人。我是多么强烈地感觉到独行的危险！正如我对您说过的，我误以为可以靠逃跑来自救，远离喧嚣，免受时代精神的直接干扰，但所谓逃跑只是幻想。更有甚者，经由无数的渠道，伴随着每一次呼吸，那种氛围深深地渗透进我们的身心，没有一种独处足够孤独和遥远，可以使这云雾弥漫的氛围到达不了我们。化装成怀疑、收获、希望、美德，戴着变化多端的面具，这种文化的形象围绕着我们蹑足潜行，甚至在这里，在您的近旁，也就是在一位真正的文化隐士手上，那种魔术也会诱惑我们。那一支小队伍该怎样坚韧而忠诚地捍卫自己队伍中堪称教派性质的真正的教育啊！它该怎样地磨炼自己啊！在这里，失足必须受到怎样严厉的斥责，和怎样充满同情心的宽容！现在，我的导师，在您如此严厉地批评了我以后，请您也宽容我吧！"

"你讲了一大通我不爱听的话，我的好人儿，"哲学家说，"其中还提到了宗教秘密结社。对此我没什么可说的。不过，你的柏拉图的烈马倒是很中我的意，凭这一点我也该原谅你。我用我的马来换这匹马吧。此外，我已经没有兴趣和你在这冷空气里继续走下去了。我等候的那个朋友，如果他半夜三更还爬到这山上来，他一定是疯了，虽然他和我有约。我徒劳地等候我们约定的信号，我始终不明白，到现在为止他遇到了什么阻碍。因为他是一个认真和守时的人，我们老辈人习惯这样，现在的年轻人则认为是迂腐。这一回他背弃了我，真是可气！跟我来！该走了！"

——就在这时候，一个新情况发生了。

第五讲 衡量大学教育的三个尺度

（3月23日举行）

衡量大学教育的三个尺度：对哲学的需要；艺术方面的本能；希腊罗马古典文化。对哲学的需要是自然产生的最高需要，而现代教育用历史修养和学术考证扼杀了这个需要。今天的大学生在三方面都不合格。大学生走上社会之后的纠结而失败的人生。

我尊敬的听众！

我向你们讲述了我们的哲学家在深夜的寂静中进行的高潮迭起的谈话，倘若你们听得比较投入，那么，听到他最后说出的那个不快的决定，你们的心情一定与我们当时听到时一样。他突然告诉我们，他要走了，因为他的朋友背弃了他，而我们——包括他的同伴——在此荒野中所能带给他的东西也提不起他的兴趣，看来现在他要匆匆结束在山上的无益的滞留了。他的这一天算是白过了，他仿佛想把它从自己身上抖掉,最好把对我们相识的记忆也抛在自己身后。他正不耐烦地催我们动身,一个新情况却使他停住,已经抬起的脚犹豫地放了下来。

莱茵河对岸升起一颗彩色照明弹,发出一声呼啸又迅速消失,吸引了我们的注意;随之响起一个旋律悠扬的乐句,在许多年轻声音的齐唱中变强,从远处传到我们这里。"这是他的信号,"哲学家喊道,"我的朋友终究来了,我没有白等。这是一次夜半会面——我们怎么让他知道我还在这里呢?来!你们开手枪,展示一下你们的技术!那边问候我们的旋律有严格的节奏,你们听出来了吗?记住它,你们在开枪时依次重复这个节奏!"

这个任务正合我们的趣味和我们的才能;我们用最快的速度装好子弹,一声令下,我们举枪对着星光灿烂的夜空,有力的枪声在高空按相同的节奏响起又消失。第一枪、第二枪、第三枪都射出去了——这时哲学家喊了起来:"节奏错了!"原来我们突然不按规定的节奏发射了,紧接第三枪之后,一颗流星划破夜空,而我们几乎不由自主地立刻朝它下落的方向开了第四枪和第五枪。

"节奏错了!"哲学家喊道,"谁叫你们朝流星开枪!它自己已经爆炸,用不着你们。一个人手中有武器,就应该知道想用它来做什么。"

这时候,莱茵河方向的那个旋律再次响起,有更多的嗓音加入,歌声更嘹亮了。"他们明白我们的意思了,"我的朋友笑着喊道,"而射程内出现这样一个发光的幽灵,谁能抵抗得了呀？"

"安静！"那位同伴打断他，"向我们唱歌发信号的会是一群什么人？我猜有二十到四十个嗓子，很雄壮的男声。这一群人又是从哪里来迎接我们的？看来他们还没有离开莱茵河对岸，从我们的长凳那儿一定能看见他们。赶快去那里！"

原来，在我们现在一直沿坡上下散步的这个位置上，在这个大树墩附近，投向莱茵河的视线被密不透光的高耸的树丛截断了。相反，我已经说过，站在那个比山顶平地稍低一点的休息场地看，视线可以穿过树梢，莱茵河以及它怀抱中的诺嫩沃尔特岛刚好填满圆形剪孔的中心。我们赶紧朝那个休息场地跑去，森林里一片漆黑，我们小心地领着年迈的哲学家，左一脚右一脚地找开出的路，与其说用眼睛看，不如说全凭猜测。

我们刚到达长凳，一大片模糊的摇曳的火光映入我们的眼帘，显然是在莱茵河的另一岸。"这是火炬。"我喊道，"再清楚不过，在对岸的是我的波恩的同学，您的朋友一定在他们中间。刚才是他们在唱歌，他们会伴送他过来。您瞧！您听！他们上船了，不出半个小时，火炬队就会攀登上来。"

哲学家急忙后退。"您说什么？"他说，"您的波恩的同学，也就是说，是大学生，我的朋友与大学生一同来？"

他的怒气冲冲的发问也激怒了我们。"您凭什么反对大学生？"我们回敬他，但没有得到回答。过了一会儿，哲学家开始用抱怨的语气缓慢地说话，仿佛在对一个还在远方的人说："这么说，我的朋友，甚至在这夜半时分，在孤寂的山上,我们也将不是孤独的,你竟要把一队捣乱的大学生带到我这里来,你明明知道,我对整个这类人是唯恐避之不及的。我真弄不懂你,我的远方的朋友,在长久分别之后,我们终于相聚,还特意选了这样一个僻静的角落和这样一个不寻常的钟点,终归是想谈点什么。我们要劳什子合唱队干什么,而且是这样的劳什子!今天把我们召到一起的绝不是一种多愁善感的需要,因为我们两人都在岁月中学会了极有价值的遗世独居。我们决定在这里会面,绝不是为了照顾一下我们的温柔的心,排演一下我们的感人的友情;而是因为在一个值得纪念的时刻,一个庄严的孤独时刻,我与你在这里初次相遇,所以我们要在这里从事最严肃的商议,宛若一个新 Vehme 之骑士。理解我们的人可以旁听,可是你为什么要带来一大群人,他们肯定不能理解我们!我真弄不懂你,我的远方的朋友!"

打断如此痛苦诉说的人,我们认为是不礼貌的;直到他忧伤地住口了,我们仍不敢告诉他,这样不信任地拒斥大学生是多么使我们气愤。

最后,那位同伴转向哲学家,说道:"我的导师,您使我想起,在您的早年,在我认识您以前,您也曾在好几所大学生活过,关于那时候您与学生的关系,您的教学方法,现在仍颇有传闻。您刚才用一种弃绝的口气谈论大学生,有些人也许会由此猜想到您个人的不快经历;不过,我宁可相信,您的所见所历,别的人在大学里也见过历过,只是您对之做了比别的所有人都更严厉、更正确的评判。通过和您的交往,我懂得了日常的经历和经验是最值得注意、最富有教益、最重要的，然而，恰恰是摆在所有眼睛面前的大谜，只有极少数人知道它们是谜，对于少数真正的哲学家来说，这些问题仿佛躺在马路中央，千万人的脚从上面踏过，却始终未被触动，等着他们小心地捡起来，然后就会像知识宝石一样闪射光芒。在您的朋友到达之前，我们还有一点时间，也许您可以就您在大学领域里的认识和经验再给我们说一点什么，以此来完成我们在教育机构问题上特别迫切需要的考察。同时，请允许我们提醒您，在您讨论的前面阶段，您甚至向我做过一个这样的预言。从文科中学出发，您断言它具有异乎寻常的意义：按照贯彻的程度，别的一切教育机构必须依据它的教育目标来衡量自己，偏离它的取向则应该遭到怜悯。这样一种作为动态中心点的意义，现在即使大学也不敢说具备，就今天的形式而言，至少根据一个重要的方面，大学只能被看作文科中学取向的扩展。讲到这里，您向我许诺以后再做详细的解说，也许我们的大学生朋友可以为我做证，他们以可能的方式倾听了我们当时的谈话。"

"我们做证。"我说。哲学家转向我们，说道："如果你们真的听到了，那就给我阐述一下，按照我所说的全部话，你们怎样理解今天的文科中学取向。你们离这个领域还足够近，可以根据你们的经历和经验来衡量一下我的思想。"

我的朋友以他一贯的机敏风格立刻回答："直到现在，我们一直相信，文科中学的唯一目的是为大学做准备。但是，这个准备应该使我们足够独立，将来才能够具备一个大学生的高度自由的立场。因为在我看来，今日生活中没有一个领域像大学生生活领域那样，有这么多的东西让个人来决定和支配。他必须在一个向他完全开放的广阔范围内能自己做主，所以文科中学必须培养他的自主能力。"

我接过我同学的话说下去。我说："虽然您对文科中学的责备不无道理，但是，在我看来，您所责备的那一切甚至只是必要的手段，为了在一个这样年轻的年龄上培养一种独立性，至少培养对独立性的信念。培养这种独立性是德语课的任务：个人必须及早对自己的见解和意图有兴趣，以便能够无需拐杖独立行走。所以，要教导他早早从事创造，更早从事尖锐的判断和批评。拉丁文和希腊文课即使不能点燃学生对于古典时代的热情，至少也要通过这些课程所运用的方法，来唤醒他们的科学意识、对知识的严格因果关系的兴趣以及发现和发明的渴望。在文科中学里打下基础，年轻的探索之手捕捉到了一篇新的异文，多少人会因之持久地被科学的魅力所吸引啊！文科中学学生必须多多学习和收集，这样就可能逐渐形成一种内在的需要，在此需要的伴护下，他在大学里也就能够独立地以相同方式学习和收集了。总之，我们相信，文科中学的取向可能就是，让学生准备好和习惯于下述情况，就是今后他将独立地继续这样生活和学习，一如他在文科中学秩序的逼迫下必须这样生活和学习那样。"

哲学家放声大笑，但不是那么好脾气，他说道："你们在这里甚至还给了我一个这种独立性的样品。正是这种独立性让我如此害怕，使我一靠近今天的大学生就浑身不舒服。是的，我的好人儿，你们已经成长完毕，你们已经大功告成，大自然已经把你们的模子打碎，你们的老师只要欣赏地看着你们就可以了。判断多么地自由、确定、不可动摇！观点多么地新颖、新鲜！你们坐在审判席上——而一切时代的一切文化都在你们面前走过。点燃了的科学意识从你们身上喷发出来——人人得小心不被你们烧着！如果我现在马上补聘你们当教授，我又会得到同样的独立性，而其程度引人入胜地大大提高了；从来没有一个时代有这么多美好的独立性，人们从来不曾如此痛恨一切奴隶性，当然包括教学和教育上的奴隶性。

"可是，请允许我就用这个教育的尺度来衡量一下你们的独立性，考察一下你们的作为教育机构的大学。如果一个外国人想了解我们的大学机构，他首先会着重问：在你们这里，学生是怎样与大学相联系的？我们则回答：作为听课的人，通过耳朵。——这个外国人惊愕了。'仅仅通过耳朵？'他又问。'仅仅通过耳朵。'我们再次回答。学生听课。如果他说话，如果他观看，如果他行走，如果他交际，如果他搞艺术，一句话，如果他生活，他是独立的，即不依赖于教育机构的。在听课的同时，学生常常写字。这是他依赖于大学的脐带的时刻。他可以选择他想听的，他无须相信他所听到的，如果他不愿听，他可以堵住耳朵。这是'讲演式的'教学方法。

"然而，老师是在对听课的学生说话。他的所说所做被一条鸿沟与学生的知觉相隔离。在说话的同时，教授常常朗读。一般来说，他希望有尽量多的这样的听众，在不得已的情况下,他满足于有少数听众,但几乎不会满足于只有一个听众。一张说着话的嘴和许多只耳朵,加上一半数量的写着字的手——这就是大学机构的外观,这就是事实上安装的大学教育机器。此外,这张嘴的主人与那许多只耳朵的拥有者们是彼此分离、互不依赖的,这种双重的独立性被人们兴奋地评价为'大学的自由'。而且,为了进一步抬高这种自由,一方大致可以说自己想说的,另一方大致可以听自己想听的。只不过在保持礼貌距离的双方之背后,国家板着一张监护人的面孔站在那里,为了时时提醒人们,它才是这套特别的说听程序的目标、目的和内涵。

"对于这种令人惊愕的现象,我们只被允许把它当作教育机构考虑,于是告诉来考察的外国人:在我们的大学里,教育这个东西是从嘴巴走到耳朵的;整个旨在教育的教学,如同已经说过的,只是'讲演式的'。不过,在这里,听不听课,选听什么课,大学生拥有思想自由,可以自主决定另一方面,对于所听到的一切,他可以否认其可信性,拒绝承担义务。所以,整个旨在教育的教学是在严格意义上归他所有的,而文科中学所追求的独立性现在便无比自豪地显示自己是'旨在教育的学院式自我教学',因其无比华丽的羽毛而光彩夺目了。

"在有的时代,年轻人足够智慧和成熟,能够管束自己,那真是幸运的时代!在我们的时代,偏是别的时代相信必须培养依赖、纪律、秩序、服从,防备任何独立性自负的领域,了不起的文科中学竟然在这里培养起了独立性!现在你们该清楚了吧，我的好人儿，从教育的立场看，我为什么喜欢把今天的大学视为文科中学取向的扩展？作为一个整体和完成了的东西，文科中学所形成的教育带着吹毛求疵的要求走进大学之门：它发令，它立法，它判决。所以，不要低估已被塑造过的大学生，就他相信自己受过了教育洗礼而言，他始终还是那个在他的老师手中成形的文科中学学生。只是作为这样一个学生，自从进入与世隔绝的大学以来，因为离开了文科中学，任何旨在教育的继续训练和引导全都被取消了，以便从此能够独立生活和变得自由。

"自由！检验一下这个自由吧，你们这些了解人性的人！建立在今日文科中学的陶土地上，在支离破碎的基础上，风暴乍起，你们的建筑物就倾斜飘摇。仔细看一看这个自由的大学生，这个独立性教育的英雄，深入他的本能来破解他，根据他的需要来说明他！想一想如果你们懂得用三个尺度来衡量，对他的教育会有什么看法，第一是他对哲学的需要，第二是他在艺术方面的本能，第三是希腊罗马古典文化，那是一切文化的具体化的绝对命令。

"人是如此地被最严肃、最困难的问题包围着，因此，如果他被以适当的方式引向这些问题，就会较早陷入那种持久的哲学性的惊异，唯有在这种惊异的基础上，就像在一片肥沃的土壤上，一种深刻而高贵的教育才能生长起来。往往是他自身的经验把他引向这些问题，特别是在激荡的青年时代，几乎每一种个人经历都反映在双重的光辉之中，既是一种日常生活的例证，又是一个令人惊异的和值得阐明的永恒问题的例证。在这样的年龄，人会看到他的经历仿佛被形而上学的彩虹围绕着，这时最需要一只引导他的手，因为他突然地、几乎本能地相信了人生（das Dasein）的歧义性，失去了迄今为止怀有的传统见解之坚实土地。

"这种自然产生的最高需要状态很可理解地被看成了那个宝贝独立性的死敌，而今日受过教育的年轻人似乎是应该培养起那个独立性的。所以，所有那些业已投入'自明之理'怀抱的'当代'青年都奋力要制服它，使它瘫痪，把它引开，或者让它萎缩，而最受欢迎的手段就是用所谓'历史修养'来麻痹这种自然产生的哲学冲动。一种最近还享有骇人听闻的世界名声的体系为哲学的这种自毁找到了公式；今天，在对事物作历史考察时，已经到处表现出幼稚的不动脑筋，把最非理性的东西归结为'理性'，完全混淆黑白。人们经常滑稽模仿式地使用黑格尔的那个命题，喜欢问：'这样的非理性是现实的吗？'唉，在今天，正是非理性的东西才似乎是'现实的'，亦即是起作用的，而这种用现实性解释历史的方式已经被看作真正的'历史修养'。我们青年一代的哲学冲动已经退化成了这种修养，年轻的学究凭这种修养得到支持，而大学里那些特立独行的哲学家如今却仿佛是在干着秘密勾当。

"于是，对于那些永恒问题的深刻阐明逐渐被历史的，甚至古典语文学的考证和问题取代了，诸如这个那个哲学家思考过或没有思考过什么，这篇那篇文字是否他写的，甚至这篇还是那篇异文应该得到优先考虑。现在，在我们大学的哲学课上，我们的学生被鼓励对哲学作这种中性的研究，正因为如此，我早就习惯于把这样一门学科看作古典语文学的分支，而不管其代表是不是一个优秀的古典语文学家，我在这方面对他们的评价都不高。由此可见，**哲学本身**无疑已经被革出了大学之门，我们对于大学之教育价值的第一个问题借此已得到回答。

"至于大学与**艺术**的关系问题，则完全可以问心无愧地不予理会，因为它与艺术根本没有关系。这里找不到一丁点儿艺术的思考、学习、追求、比较的迹象，甚至无人愿意严肃地谈论大学对最重要的国民艺术计划的要求的看法。是否有个别教师自认为对艺术具有个人的爱好，是否为热衷于美学原理的文学史家设置了教席，均非这里所考虑的；所考虑的是大学的整体状况，它没有让学生受到严格的艺术训练，在这方面完全无所作为地放任自流，据此就可断然批驳它企图充当最高教育机构的狂妄要求。

"我们大学的'独立之士'没有哲学、没有艺术地生活着，那么，他们怎么可能有与希腊人和罗马人为伍的需要呢？现在谁也不必装作爱好希腊人和罗马人了，反正他们端坐在难以靠近的孤独和庄严的疏远之中。所以，对于这种已经完全死去的教育上的爱好，我们当代大学也就坚定地不去反顾，而建立起了自己的古典语文学教授队伍，用来培养一代代人数有限的古典语文学者，后者的责任又是教文科中学学生做好古典语文学准备。生活的这一个循环，对于古典语文学者和文科中学学生都没有好处，但尤其遭到惩罚的是大学，使它成不了一个真正的教育机构，而它夸耀其为此目标是宁愿竭尽全力的。因为倘若撇开了希腊人连同哲学和艺术，你们还能依靠什么梯子上升到真正的教育呢？当你们试图没有这些帮助费力登梯之时，你们的博学——想必你们对此津津乐道——与其说是在承载你们快速上升，不如说是像无助的重负压在你们的脖子上。

"现在你们，你们这些老实人，倘若老实地立足于理解力的这三个阶段，看清楚了今天的大学生在哲学上是不适合和无准备的，在艺术上是缺乏本能的，面对希腊人是自命自由的野蛮人，即使你们不是避之唯恐不及，你们大约也是宁愿敬而远之的。因为确如他所是，**他是无辜的**，而正如你们已经看出的，他在无声却可怕地控诉着有罪者。

"你们必须懂得这个负有责任的无辜者在他自己面前所使用的暗语，这样才可能学会理解那个大肆张扬的独立性的内在实质。在这些被昂贵地装备起来的青年中，无人能够抗拒那个使人疲惫、糊涂、神经紧张、永无喘息之机的强迫性教育；走上被任用和雇用的实际岗位之后，即使在他似乎是一个自由人的时刻，他仍被层出不穷的烦恼和怀疑所困扰，为那个了不起的自由幻想而受罚。他感到无能引导自己，帮助自己，于是绝望地沉浸到日常生活和劳作的世界里面；**平庸的**事务包围着他，他的四肢松懈地下垂。他突然又振作起来了，感到能够支撑他向上的力量尚未衰退。自豪而崇高的决心在他的心中形成和生长。这么早就沉湎在一个狭小的专业领域里，这一点使他惊恐；现在他抓向一个支撑物，以求不被扯到这条路上去。可是徒劳！这个支撑物不见了；他抓了一空，抓到手的是一根折断的芦苇。在悲凉而无可慰藉的心情中，他看见自己的计划成为泡影，他的状况令人厌恶，毫无价值，只是繁重的事务和忧伤的疲惫的交替。他累了，懒了，害怕工作，惧怕一切伟大事物，憎恨自己。他分析自己的才能，相信在空洞或杂乱无章的梦中看见了它们。于是，他又从所梦见的自我认识之高处冲入讽刺的怀疑论。他解除了他的斗争的重要性，感到自己已经准备好去追求任何实际的乃至低级的利益。现在他在匆忙不歇的行动中寻找他的安慰，要在其中把自己在自己面前隐藏起来。他茫然失措，没有人引导他走向那种改变人生形态的教育，受尽怀疑、振奋、生计、希望、沮丧的捉弄，表明头顶上他能够据以驾驶他的航船的所有星辰皆已熄灭。

"这便是那个著名的独立性、那个大学自由的图景，它映照在那些最好的、确实渴望真正教育的心灵里。与之相对比，那些无所用心的粗糙天性不在考虑之列，他们享受着野蛮意义上的他们的自由。经由他们的低级爱好、他们的成熟的专业限制，他们业已证明，这些因素对于他们恰恰是合适的，对此就毋庸多言了。但是，他们的爱好抵偿不了一个被孤单地驱往文化并且需要引导的青年的痛苦，最后他让缰绳松开，开始蔑视自己。这是没有责任的无辜者，因为是谁把不堪承受的特立独行之重负加在他身上的，是谁引诱他在这个年龄要求独立性的？在这个年龄，听从伟大的引路人，在大师的道路上热情追随，看来常常是合乎自然的、最为切近的需要。

"使劲压制如此宝贵的需要，认真想一想这样做的后果，真使人感到可怕。我极其痛恨当代的伪文化，谁若在近处用锐利的眼光仔细观察它的最危险的促进者和支持者，便会发现他们多半正是这种变质的、脱离轨道的受教育者，因为内心失去了希望，他们对无人肯为他们指点其入口的真正文化持暴怒的反对态度。我们接着又看到那些新闻记者和报纸写手，有着绝望的变态心理，但他们还不是最糟糕、最低劣的；是的，现在有一种十分常见的文学品种，人们直截了当地把它的精神形容为失去希望的大学生。另一方面，比如说，那个曾经家喻户晓的"青年德意志"[1]以及它的蔓延至今的模仿作风也是多么值得思考！我们仿佛在其中发现一种变野蛮了的教育需要，这种需要最后竟至于激动地叫喊起来：我即教育！在文科中学和大学的门前，游荡着这些失去希望的人的文化，它溜出校门，做出拥有主权的姿态，不过当然不具备它的博学，以至于可以把小说家古茨科[2]看作文科中学时髦文学青年的惟妙惟肖的翻版。

"我们整个学术界和新闻界都打着变质的烙印，这是一件涉及变质的受教育者的严肃的事情，迫使我们对之进行考察。人们一向多么愿意正确地评价我们的学者，他们辛勤地关注乃至参与对民众的新闻引导，倘若不是因为下述看法，评价

1　青年德意志，德国19世纪30年代开始的社会改革和文学运动，反对当时流行的浪漫主义和民族主义的极端形式。
2　古茨科（Karl Gutzkow, 1811—1878），德国小说家、剧作家，德国现代社会小说的先驱者之一，属于青年德意志派。

就会不同：对于他们来说，他们的学术也许是某种对那些小说家来说相似的东西，即对自我的逃避，对他们的教育冲动的禁欲的扼杀，对个性的绝望的毁灭。不但从我们变质的文学艺术中，而且从我们学者荒唐的写书狂热中，流出的是同样的感叹：啊，我们能够忘记自我！然而并不成功，堆积如山的印刷纸没有把记忆闷死，它仍透过这座山时时发出呼喊：'一个变质的受教育者！生来是可教育的，被教成了不可教育的！不可救药的野蛮人，日子的奴隶，被悬挂在瞬间之网上挨饿——永远挨饿！'

"可怜的负有责任的无辜者呀！因为他们缺少一种必须协助他们中每一个人的东西，一个真正的教育机构，它能够给他们目标、导师、方法、榜样、同伴，在它之中，他们领受真正德国精神的气息，变得有力和高尚。现在他们就这样在荒野中凋谢了，他们就这样蜕变成了那个原本植根在他们内部的精神的敌人；他们就这样积聚罪过，比以往任何一代人积聚得更多，玷污洁净，亵渎神圣，提倡错误和不真。在他们身上，你们可以认识到我们大学的教育力量，问自己一个最严肃的问题：你们在他们身上促进什么？德国的博学，德国的发明精神，德国的真诚的认识冲动，德国的富于牺牲精神的勤勉——美好辉煌的品质，别的民族会因之羡慕你们，甚至是世界上最美好辉煌的品质，倘若整个真正的德国精神如同孕育着、祝福着的闪电的乌云伸展在你们的头顶的话。可是，你们害怕这个精神，因此，另一种阴霾，闷热而沉重，集聚在你们大学的上空，在它下面，你们高贵的年轻人艰难而压抑地呼吸着,最优秀的人则走向了毁灭。

"本世纪有过一次悲壮而富有教益的尝试,试图驱散这层阴霾,放眼于德国精神的云端。大学的历史上不曾有过类似的尝试,而如果谁想透彻地说明这里必须做的事情,再也找不到更有说服力的例子了。这就是早期的、原初的'青年协会'[1]。

"青年从战争中带回了意想不到的最珍贵的战利品,即祖国的自由,头戴这一顶花环,他们便装模作样地想要更珍贵的东西。回到大学里,他们感到透不过气来,笼罩在大学教育场所上空的气息如此闷热而腐朽。他们的视野变开阔了,突然吃惊地看到,在这里,在各种学术的下面,还人为地隐藏着非德国的野蛮,突然发现自己的同学是怎样地缺乏引导,沉湎于年轻人的粗野享乐。他们愤怒了。他们带着最自豪的反抗的表情昂首挺胸,他们的弗里德利希·席勒当年就带着这同样的表情在同学面前朗诵《强盗》;当他给他的这部戏剧一头狮子的形象和'in tyrannos'(向暴君开战)的题词时,他的青春就是那一头正要跳起来的狮子,而一切'暴君'确实发抖了。是的,用胆小和表面的眼光看,这些反抗的青年比席勒的强盗差不了多少,恐惧的耳朵听到他们的声音,就会觉得他们像是修女眼中的斯巴达和罗马。对于这些反抗的

---

[1] 青年协会,德意志大学中的学生组织。1815年在耶拿大学创始,随即在德意志各地纷纷成立。该组织积极参加了1848年德国革命。

青年的恐惧如此普遍，就像那些'强盗'不止一次在宫廷中所引起的那样；按照歌德的解说，关于这些'强盗'，一位德国的浮士德会这样表示：'如果他是上帝，并且预见到了这些强盗的产生，他就不会创造世界了。'

"如此令人费解的强烈恐惧缘何而生？因为这些反抗的青年是其同学中最勇敢、最有才华、最纯粹的人，他们的举止和仪容显示出性格的豪爽开朗、心地的高贵单纯，最庄严的信条把他们彼此联结在一起，严肃而虔诚地追求卓越，人们会怕他们身上的什么呢？这种恐惧在多大程度上是自欺，或装出来的，或确实事出有因，完全是不清楚的。不过，在这种恐惧中，在这种无耻而荒唐的盯视中，有一种牢固的本能在说话。这种本能在两个方面对青年协会恨之入骨：其一是它的组织，那是建立一个真正教育机构的最早尝试；其二是这个教育机构的精神，那是具有男子气概的严肃、沉着、坚强、勇敢的德国精神，是源自宗教改革的得以健康保持下来的山民之子路德的精神。

"请你们思考一下青年协会的**命运**，我问你们：对于这个精神，德国王侯们以他们的仇恨表明他们已经理解了，而当时的德国大学理解了吗？它用它的臂膀勇敢而坚决地护卫它的最高贵的儿子，说出'在杀死他们之前，你们必须先杀死我'这样的话了吗？——我听见你们回答：德国大学是不是德国真正的教育机构，你们要根据他们的情况来衡量。

"那时候，大学生已预感到一个真正的教育机构必须扎根多深，即必须扎根于最纯粹的精神力量的恢复和振作。而关于这一点，大学生为了自身的荣誉会永远加以重申。他们已经在战场上学到了'大学自由'领域里最学不到的东西，就是人需要伟大的引导者，以及一切教育皆从服从开始。在欢呼胜利时，在想及解放了的祖国时，他们已发誓要坚持做德国人。德国人！现在他们学会了理解塔西佗，现在他们懂得了康德的绝对命令，现在他们被卡尔·玛利亚·韦伯[1]的琴与剑的方式迷住了。哲学、艺术甚至古典文化的大门突然向他们打开了——而在一次最值得纪念的流血行动中，在对科策布[2]的谋杀中，带着深刻的直觉和狂热的短视，他们为自己的独一无二的席勒报了仇。席勒与这个迟钝的世界相对抗，被太早地耗尽了，他本来可以是他们的引路人、大师和组织者，现在他们压抑着内心的怒火深深怀念他。

"这是那些充满预感的大学生的厄运：他们找不到他们所需要的引路人。他们内部逐渐变得不坚定、不统一、不满意；不幸的笨拙很快就暴露了，他们中间没有能够运筹全局的天才，而那个不可思议的流血行动不但显示了可怕的力量，而且显示了这个缺陷所带来的可怕的危险。他们缺乏引导——他们因此而毁灭。

"我再说一遍，我的朋友！——一切教育开始于反对所有现在被赞为大学自由的那些东西，开始于服从，开始于遵守

1　卡尔·玛利亚·韦伯（Karl Maria Weber, 1786—1826），德国作曲家、钢琴家，作品《魔弹射手》使他一举成名，成为民族英雄。
2　科策布（August Kotzebue, 1761—1819），德国剧作家，曾流亡俄国，回国后被一个激进学生团体的成员暗杀。

秩序，开始于训练，开始于愿意服务。正像引导者需要被引导的人一样，有待引导的人也需要引导者，在这里支配着的是精神秩序中的一种前定安排，甚至是一种前定和谐。这一永恒的秩序，万物带着合乎自然的重心不断趋向于它，那一种文化却与它背道而驰，企图阻挠和毁灭它，那一种文化已登上了当代的宝座。它企图把引导者贬为**它的**仆役，或者使他们备受折磨；当有待引导的人寻找自己命定的引导者之时，它伏击他们，用麻醉手段减弱他们寻找着的本能。可是，尽管如此，倘若命定的双方奋力战斗，负伤累累，终于会合，便有一种深邃的喜悦感涌起，就像奏响了永恒的弦乐一样，关于这种感觉，我只能通过譬喻让你们约略地领悟。

"德国的乐队常常由一种很特别的干瘦而好脾气的人组成，在音乐排练时，你们是否留心观察过他们？任性的'形式'女神多么会变着法儿玩！怎样的鼻子和耳朵，多么笨拙的、一副瘦骨架格格作响的动作！想象一下，倘若你们是聋子，压根儿没有梦见过声音和音乐的存在，只能把一个乐队演奏的过程当作造型表演来欣赏，那么，由于没有声音的理想化效果的干扰，你们就会看不够这一出中世纪粗俗木刻手法的滑稽剧，这一种对 homo sapiens（君子）的无害的滑稽模仿。

"然后，再打开你们的耳朵，回过头来想一想你们的音乐意识，乐队高处有一位动作得体的可敬的指挥，现在那一出造型滑稽剧对于你们不复存在了，你们在倾听——可是，在你们看来，仿佛有无聊的气息从可敬的指挥投向他的乐队。你们还只看到懈怠和疲塌,你们还只听到节奏的模糊、旋律的普通和感觉的平庸。你们眼中的乐队是一群冷淡沉闷的人,或者是一群完全令人厌恶的人。

"然而,终于有一个天才、一个真正的天才张开幻想的翅膀来临了,来到了这一群人中间——你们立刻觉察了某种难以置信的东西。这个天才仿佛在闪电般的心灵变化中进入了所有这些半兽的躯体,现在仿佛又只有一只魔法的眼睛从他们全体中向外看。你们在倾听和观看——但现在你们变成听不够了!倘若你们现在再观察时而狂吼时而低诉的乐队,感受到每一块肌肉的灵巧的绷紧和每一个姿势的节律的必然,你们就会产生同感,懂得什么是引导者与被引导者之间的前定和谐,在精神的秩序中一切如何拥入如此建构着的组织中去了。通过我的譬喻,你们即可明白,我所理解的真正的教育机构究竟是什么,而在大学身上我又为何没有看到一丁点儿这种机构的影子。"

重要语词译表

Bildung 教育，教化，广义的教育，真正的教育
Bildungsanstalten 教育机构，学校
Dasein 人生
Erziehung 教育，教学，学校教育
der Gebildet 受过教育的人，教育成了的人，有教养人士
der Gelehrt 学者
Gymnasium 文科中学
höhere Bürgerschule 市立中学
höhere Lehranstalt 普通中学
Realschule 实科中学
Unvernunft 非理性
Vernunft 理性
Volksshule 国民学校
Wirklichkeit 现实性
Wissenschaft 学术，科学

教育何为?

作者 _ [德] 弗里德里希·威廉·尼采　译者 _ 周国平

编辑 _ 刘树东　　装帧设计 _ 董歆昱　　主管 _ 黄杨健
内文排版 _ 朱大锤　　技术编辑 _ 顾逸飞
责任印制 _ 梁拥军　　出品人 _ 王誉

营销团队 _ 毛婷　魏洋

果麦
www.goldmye.com

以 微 小 的 力 量 推 动 文 明

图书在版编目（CIP）数据

教育何为？/（德）弗里德里希·威廉·尼采著；周国平译. -- 昆明：云南人民出版社，2025.5.
ISBN 978-7-222-23670-7

Ⅰ．G4

中国国家版本馆 CIP 数据核字第 2025JX5732 号

责任编辑：王冰洁
责任校对：刘　娟
责任印制：李寒东

教育何为？
JIAOYU HEWEI？

[德] 弗里德里希·威廉·尼采　著　周国平　译

出　版	云南人民出版社
发　行	云南人民出版社
社　址	昆明市环城西路 609 号
邮　编	650034
网　址	www.ynpph.com.cn
E-mail	ynrms@sina.com
开　本	880mm×1230mm　1/32
印　张	5
字　数	91 千字
版　次	2025 年 5 月第 1 版　2025 年 5 月第 1 次印刷
印　刷	河北鹏润印刷有限公司
书　号	ISBN 978-7-222-23670-7
定　价	39.80 元

版权所有 侵权必究
如发现印装质量问题，影响阅读，请联系 021-64386496 调换。